¿SABES DE CINE?

LAS PELÍCULAS IMPRESCINDIBLES DEL CINE CLÁSICO

SARA CARRIL

www.sabes-de-cine.guiaburros.es

EDITATUM

Diseño de cubierta: © Marta Villarín (EDITATUM)
Maquetación de interior: © EDITATUM

Primera edición: marzo de 2023

ISBN: 978-84-19731-03-6
Depósito Legal: M-5577-2023

IMPRESO EN ESPAÑA/ PRINTED IN SPAIN

Te invitamos a registrar la compra de tu libro o *e-book* dándote de alta en el **Club GuíaBurros,** obtendrás directamente un cupón de **2 € de descuento** para tu próxima compra.

Además, si después de leer este libro lo has considerado útil e interesante, te agradeceríamos que hicieras sobre él una **reseña honesta en cualquier plataforma de opinión** y nos enviaras un *e-mail* a **opiniones@guiaburros.es** para poder, desde la editorial, enviarte **como regalo otro libro de nuestra colección.**

Sobre la autora

 **Sara Carril** es una apasionada del mundo audiovisual. Ha trabajado como guionista, realizadora y auxiliar de producción. Tiene el Grado Superior de realización cinematográfica y una Diplomatura de guion de cine y televisión.

Ha trabajado para Diagonal TV y para Fuillerat Partners y en series televisivas, cortometrajes y videoclips. Este es su primer libro.

Agradecimientos

A mis seres queridos y en concreto a mi madre: gracias por no censurar nunca el cine.

Índice

Prólogo

Títulos de cine clásico

Este libro es una incursión en la memoria, en la evocación de momentos de gozo artístico —a partir de obras imprescindibles del séptimo arte— y de sensaciones vinculadas a la emoción. También es una selección representativa para los más jóvenes —la generación Y, *millennials, eco-boomers* y nativos digitales— que deseen acercarse a los títulos cinematográficos que conforman uno de los pilares de nuestra cultura audiovisual: la narración de la historia del siglo xx a través de imágenes de ficción.

Antes de que el metaverso nos absorba y de que todos los fondos de cine en 35 mm se digitalicen, recordemos que hubo un tiempo —no hace tanto— en el que disfrutábamos seleccionando películas de manera tangible: las carátulas que contenían las fundas de los DVD, y antes los estuches para cintas de vídeo VHS y, antes aún, los afiches y programas de mano, se convertían en la promesa de un pasaje a la felicidad durante las siguientes horas.

Optemos por combinar la vanguardia tecnológica con lo *vintage;* con todas aquellas obras maestras que han mejorado y se han revalorizado con el paso del tiempo, de igual modo que sucede con otras artes y disciplinas como la música, la fotografía, la moda o la decoración. Pongamos en valor las más fascinantes propuestas que el cine de "pantalla grande" ha proyectado, dirigiendo nuestra mirada al pasado con la curiosidad que nos provoca lo "retro". Todo está en la nube y lo podemos localizar a golpe de clic, pero como homenaje a Ray Bradbury, y a su novela distópica *Fahrenheit 451,* que fue llevada al cine por François Truffaut en 1966, no estaría mal que a la manera de los "hombres libro", que vivían escondidos en el bosque recitando cada uno de ellos el texto literario que había memorizado, aprendiésemos los diálogos de alguna película emblemática o trascendente.

No porque las autoridades, como sucede en *Fahrenheit 451,* vayan a obligarnos a destruir la cultura. Y tampoco porque vaya a acontecer una tormenta solar que afecte a internet y desaparezca nuestra civilización.

Tan solo memoricemos una película como ejercicio lúdico. Convirtámonos en "personas cine". Por placer y no como "reservorios" culturales para futuras generaciones. "Yo soy *El gran dictador,* de Chaplin"—afirmará alguien—. "Y yo… *El crespúsculo de los dioses,* de Wilder"—replicará otra "persona cine"—.

Sara Carril ha confeccionado esta guía que contiene una selección de títulos de películas que no pueden faltar en ninguna antología de la historia del cine clásico en EE. UU. y Europa. La autora parte de los albores del séptimo arte y recorre países, contextos históricos-sociales y tendencias estéticas muy diferentes: desde *Viaje a la Luna* (George Méliès, 1902), que inicia una línea mágica que quedó relegada por la fuerza del realismo narrativo de obras históricas como *El nacimiento de una nación* (D. W. Griffith, 1915), hasta el cine de estética más vanguardista como *El gabinete del doctor Caligari* (Robert Wiene, 1920), claro exponente del expresionismo alemán, o *El acorazado Potemkin* (Sergei Eisenstein, 1925), film generador de un espectacular nuevo lenguaje audiovisual al servicio de la propaganda soviética.

Sara Carril encuentra espacio para otros géneros cinematográficos, como el cine cómico, representado por Charlot y su profética película *Tiempos modernos* (1936), los dibujos animados de la factoría Disney, y melodramas como *Lo que el viento se llevó* (Victor Fleming, George Cukor y Sam Wood, 1939) o *Rebeca* (Alfred Hitchcock, 1940).

La selección se completa con varios títulos de cine español, como *La edad de oro* (Luis Buñuel, 1930) y *Bienvenido Mister Marshall* (Luis García Berlanga, 1953), y con obras maestras que forman parte de los listados habituales de la crítica especializada, como *Ciudadano Kane* (Orson Welles, 1941) y *Casablanca* (Michael Curtiz, 1942).

Hace más de un siglo, la llamada "fábrica de sueños" inició su andadura por el cine mudo —en blanco y negro—, que fue evolucionando hacia el sonoro y el color, para llegar a su cima más exuberante con el *technicolor* y el formato panorámico de películas como *Ben-Hur* (William Wyler, 1959). Este es el momento en que se detiene la autora, dejando entrever que es el crepúsculo de los dioses de Hollywood. El sistema de estudios ha terminado y el relevo se encuentra en Europa. Es el comienzo del cine moderno con nuevos movimientos como la *"Nouvelle vague"*, la revolucionaria nueva ola francesa. En las décadas siguientes, 1960 y 1970, los paradigmas cambian. Pero, como diría uno de los protagonistas de *Irma la dulce* (Billy Wilder, 1963), el barman Moustache: "Eso es otra historia".

Si recordar es viajar, seamos protagonistas de esta *road movie* y atesoremos títulos de películas, nombres de directores y de estrellas que nos hicieron emocionarnos. La memoria siempre está vinculada a la emoción y el cine se basa en el arte de recordar.

En Recuerdos (*Stardust Memories,* 1980), una melancólica película de Woody Allen, nos estremecen algunas de sus secuencias en un satinado blanco y negro. Tal vez sea por el subrayado de uno los temas principales de su banda sonora: la balada *Stardust* (Polvo de estrellas), compuesta por Hoagy Carmichael y Mitchell Parish en 1927:

> *"Aunque sueño en vano*
> *en mi corazón quedara*
> *mi melodía de polvo de estrellas".*

En conjunción con la letra de *Stardust,* el astrofísico Carl Sagan dijo que "éramos polvo de estrellas", y antes que él lo hizo William Shakespeare a través de Próspero, protagonista de *La tempestad* (1611): "Estamos hechos de la misma materia que los sueños, y nuestra pequeña vida se cierra con un sueño". Y los sueños, cine son.

Sonia Sánchez Recio

Viaje a la luna

Le voyage dans la lune

(1902)

"Construyo mis sueños para no despertar"

• • • •

Ficha técnica

Duración	14 minutos
País	Francia
Dirección	Georges Méliès
Guion	Georges Méliès. Basada en las novelas de Julio Verne y H. G. Wells
Fotografía	Théophile Michault, Lucien Tainguy (B&W)
Reparto	Georges Méliès, Bleuette Bernon, Henri Delannoy, Jeanne d'Alcy
Productora	Star-Film
Género	Ciencia ficción, fantástico

No es de extrañar que Georges Méliès sea el autor de *Viaje a la Luna,* una historia sobre una convención de científicos en la que se decide hacer una expedición a nuestro satélite, mientras son atacados por unos extraterrestres salvajes y vuelven a duras penas a casa. Quizá después de decirte esto pienses: "¿Pero por qué no es de extrañar? ¿Y por qué me cuentas la película?". Bueno, pues lo más acertado para mí es preguntarse quién es Georges Méliès.

Antes de ser director, guionista y productor, nuestro protagonista se dedicaba al ilusionismo. Y antes de ello, trabajaba en la empresa de calzado que tenía su familia, reparando máquinas. Esta curiosa combinación, unida al cine, sería el origen de los primeros efectos especiales en la gran pantalla.

Méliès conoció el cine el 28 de diciembre de 1895. Invitado por los hermanos Lumière, pudo ver en primicia la primera proyección de este invento. Ahí es cuando todo cambió para él. Habló con los Lumière para comprarles una de aquellas máquinas. Negativa. "Este invento no tiene futuro", según dijeron. ¿Qué podía hacer entonces? Había otra persona que también estuvo trabajando en crear el cinematógrafo, Robert William Paul, el cual no tuvo reparos en venderle el aparato de Méliès.

¿Os acordáis de que Georges es ilusionista y además reparaba máquinas? Pues en este momento, junto al cinematógrafo, nuestro protagonista se dedica a experimentar. Fue uno de los primeros en usar la fotografía en el lapso del tiempo, utilizar varias exposiciones a la vez, hacer disoluciones en la imagen y colorear los fotogramas a mano. Además, por accidente, descubrió el *stop trick,* que consiste en grabar un objeto, apagar la cámara, quitar el objeto y volver a grabar, provocando el efecto de que un objeto a desaparecido o aparecido de la nada.

Pero ¿por qué hacer una historia sobre unos científicos que van a la Luna? Lo primero, ¿por qué no? Y lo segundo, nos encontramos a finales del siglo XIX y a principios del XX, una época en la que las historias de ciencia ficción estaban al orden del día. Algunas como *De la Tierra a la Luna* de Julio Verne o *Los primeros hombres en la luna* de H.G. Welles inspiraron a Georges Méliès a crear *Viaje a la Luna.*

Viaje a la Luna y sobre cómo un éxito fue robado

Viaje a la luna fue todo un éxito para Méliès. Desde el principio cautivó al público con su historia y sus efectos especiales. Incluso hoy puedes reconocer su luna antropomórfica con un cohete en su ojo. Aun así, aunque el filme tenga un aspecto simpático y a veces disparatado, por cómo actúan los actores, en realidad hay una crítica sobre la industrialización de Europa y sus logros.

Méliès lo primero que nos muestra es a unos científicos un tanto locos y destructivos. Nuestro protagonista, el profesor Barbenfouillis (Georges Méliès) convence a los demás científicos para organizar una expedición a la Luna. Mientras están en el cohete, se dedican a discutir entre ellos. Ahí nadie hace caso y se dedican a ir de un lado para otro de la pantalla. Hasta que dejan tuerta a la Luna. Tras el alunizaje, salen del cohete y se encuentran en el reino de los selenitas. Estos son tratados por los científicos como si fuesen salvajes y estúpidos. Al final vuelven a la Tierra por casualidad y, en parte, gracias a los selenitas. Una vez en la Tierra, los científicos son alabados por los ciudadanos y le otorgan a Barbenfouillis una estatua que reza *"Labor omnia vincit"* (El trabajo todo lo vence). Gracioso, ¿verdad?

Pero esta película no solo nos ha dejado la imaginación y crítica de Méliès, sino también una historia oculta detrás. A pesar del éxito que tuvo por Europa, el francés necesitaba a alguien que pudiese distribuir su cinta en Estados Unidos. Esa persona es Thomas A. Elison. Él tenía una distribuidora y Georges una película que era un éxito. Un buen trato, ambos ganan. El problema era que en esa época los derechos de autor en el cine en Estados Unidos no existían *per se,* así que Edison distribuyó la película sin darle ningún beneficio económico a nuestro autor, lo que provocó el principio de la quiebra de Méliès. Al final resultó que Thomas A. Elison no solo se apropió de la patente de la bombilla y se atribuyó el invento (entre otros como la silla eléctrica), sino que también fue la primera persona que hizo piratería en el mundo del cine.

Georges Méliès • Director

Nacido en París el 8 de diciembre de 1861, fue ilusionista, el primero en crear efectos especiales y experimentar con estos. Escribió más de quinientas películas y fue pionero en el género de la ciencia ficción, el terror y el suspense.

Películas principales

Partida de cartas (1896)
La mansión embrujada (1896)
Viaje a la Luna (1902)
Viaje a través de lo imposible (1904)

Filmografía adicional

El hombre de la cabeza de goma (1901)
Un viaje a Marte (1910)
Metrópolis (1927)
El hombre invisible (1933)
Los primeros hombres en la Luna (1964)
La invención de Hugo (2011)

El nacimiento de una nación

The Birth of a Nation

(1915)

"Lo que el cine necesita es belleza, la belleza del viento moviéndose entre las hojas de los árboles"

• • • •

Ficha técnica

Duración	190 minutos
País	Estados Unidos
Dirección	D. W. Griffith
Guion	D. W. Griffith, Frank E. Woods. Novela: Thomas F. Dixon Jr.
Fotografía	G. W. Bitzer (B&W)
Reparto	Lillian Gish, Mae Marsh, Herny B. Walthall, Miriam Cooper, Mary Alden, Ralph Lewis, George Siegman, Walter Long, Robert Harron, Wallace Reis, Joseph Henabery, Elmer Clifton, Josephine Crowell, Spottiswoode Aitken, George Beranger, Raoul Walsh
Productora	David W. Griffith Corp.
Género	Drama, bélico, histórico

El nacimiento de una nación nos cuenta la historia de dos familias amigas, que representan el norte y el sur durante la guerra civil de Estados Unidos. Nos muestra también cómo murió Lincoln. Dicho así pareciera que la película solo nos enseñase un poco sobre la historia del país americano, pero el filme en su época (e incluso hoy) es tachado de racista, debido a que ensalza la supremacía blanca y el *heroísmo* del Ku Klux Klan. Pero vayamos por partes.

En la primera hora y media, Griffith se centra en dos familias, los Cameron y los Stoneman, unidas por la amistad que tienen hijos e hijas. Por un lado, se nos muestra a la familia Cameron, que vive en el sur, donde todo es visiblemente alegre y vital; por otro lado, los Stoneman, que viven en el norte, un escenario oscuro y lleno de libros (como metáfora del peso de la ley). El conflicto comienza con la guerra civil americana. Griffith nos muestra en paralelo cómo ambas familias se despiden de sus hijos y estos van al campo de batalla. Y aquí nos encontramos con las trompetas, que tocan para el inicio de la batalla, el norte y el sur luchando entre ellos. Los soldados corren y disparan de un lado a otro. Todo es un caos. Cuando todo parece más tranquilo, podemos ver a ambos amigos, muertos uno al lado del otro, abrazados. Pero la primera parte del filme no termina aquí, sino con la muerte de Lincoln en el teatro Ford, una escena que es parodiada en un capítulo de *Los Simpson*. La gracia es cómo Griffith utilizó la cámara para ponernos en diferentes puntos de vista, el del presidente y el del asesino, creando así una tensión narrativa bien ejecutada.

En la segunda parte es cuando (para mí) vienen los problemas: la película se centra en la creación del Ku Klux Klan debido a las *injusticias* a las que son sometidos los perdedores de la guerra (es decir, el sur). Griffith tacha a la comunidad negra como de violadores, salvajes, borrachos e incultos. Debido a esto, el KKK interviene para *salvar* a los blancos.

Este mensaje de supremacía hizo que el director ya en su época fuera duramente criticado. Debido a esto, Griffith rodó *Intolerancia,* para contestar a los críticos. En esta película los llama intolerantes.

Griffith, el falso mito

Al principio, la narrativa en el cine era casi inexistente. Se basaba en planos generales, fijos, eran personas haciendo cosas cotidianas. Todo esto cambió con Griffith, que creó un nuevo lenguaje narrativo en el cine: la variación en diferentes tipos de planos, los movimientos de cámara, la continuidad entre fotogramas, la edición, etc. Básicamente lo que vemos hoy nació por él, o eso nos cuentan varios documentales y libros. Si te dedicas a estudiar algo relacionado con el cine o el mundo audiovisual, escuchas esa afirmación infinitas veces. Pero es falso. Antes de Griffth, antes de que Hollywood se convirtiera en la cuna y producción masiva de cine, antes de todo eso, existía el cine sin presupuesto y con un propio lenguaje y narrativa dramática. ¿Quién fue la autora de esa innovación entonces? Fue nuestra protagonista olvidada en la industria del cine: Alice Guy-Blanché.

Alice, nacida en el seno de una familia burguesa, formaba parte de un grupo de creadores que creían que el cinematógrafo no era un mero pasatiempo de feria. Además, hizo más de mil películas (en su mayoría cortas) y su carrera se alargó durante más de treinta años. A pesar de sus logros en el cine, de crear una narrativa que se sigue utilizando hoy en día y de haberse codeado con otros grandes directores, como D.W. Griffith y Georges Méliès, fue borrada de la historia, y con ella, sus logros.

D.W. Griffith • Director

Nacido en 1875 en Kentucky, vivió en la pobreza tras la muerte de su padre, cuando él tenía diez años. Griffith se dedicó a trabajar durante años en un teatro, hasta que en 1908 fue contratado como actor de cine. Fue aquí cuando empezó a dirigir sus propias películas. Fundó su propia empresa para grabar *El nacimiento de una nación*. Tras esto, filmó *Intolerancia,* lo que significó un declive en su carrera.

Películas principales

El valor del trigo (1909)
El nacimiento de una nación (1915)
Intolerancia (1916)
Lirios rotos (1919)

Filmografía adicional

El diario de Ana Frank (1959)
La herencia del viento (1960)
Malcolm X (1993)
María Antonieta (2007)
La reina Victoria (2009)

El gabinete del Dr. Caligari

Das Kabinett des Dr. Caligar

(1920)

"Debes convertirte en Caligari"

• • • •

Ficha técnica

Duración   77 minutos
País   Alemania
Dirección   Robert Wiene
Guion   Carl Mayer, Hans Janowitz
Fotografía   Willy Hameister (B&W)
Reparto   Werner Krauss, Conrad Veidt, Friedrich
               Feher, Lil Dagover, Rudolf Klein-Rogge,
               Hans Heinrich von Twardowski
Productora   Decla Film
Género   Terror, expresionismo alemán

Quizá si ves algún fotograma o, directamente, si ves esta película, te darás cuenta de que el decorado, las luces, la caracterización son bastante llamativos. Y puede que te recuerde a alguna película de Tim Burton... Bueno, no es casualidad, pues este director bebe mucho de este estilo recién nacido en Alemania: el expresionismo alemán.

El expresionismo alemán

Para explicar esta corriente vanguardista primero tenemos que situarnos en el contexto histórico, social y político, dado que el arte nunca está desvinculado de lo que le rodea. Nos encontramos en la Alemania devastada de después de la Primera Guerra Mundial, debido a las duras condiciones económicas, territoriales e incluso militares que se le impusieron. El resultado fue una profunda crisis social. Durante el siglo XIX al XX, se produjo un avance en la ciencia, la tecnología y de la industria alemanas, pero tras la guerra lo que quedó fue una realidad oscura, un futuro incierto y pesimista. La sociedad reaccionó de dos formas. Por una parte, evadiéndose (fueron "esos locos años 20"). La población se dedicó a ir de fiesta en fiesta, de baile en baile y de botella de alcohol en botella de alcohol. También hubo quienes decidieron que, ante tales circunstancias, preferían expresar sus emociones, sus sueños, su día a día de forma más artística. Así surgieron varias vanguardias como el surrealismo y el expresionismo.

Algunas de las características del expresionismo alemán que podemos encontrar en *El gabinete del Dr. Caligari* es el uso de la iluminación artificial, con un claro contraste entre el claro y el oscuro. A pesar de que fue rodada en blanco y negro, fue tintada para su proyección, usando los tonos naranja y sepia para representar el día y los interiores. Para expresar la nocturnidad se empleó el verde, y colores rojizos para los títulos.

Los decorados eran extravagantes, estaban construidos con perspectivas bastante falseadas. Además, como el cine aún bebía mucho del teatro, se hacían con papel y madera. Pero en este caso los decorados causan en el espectador una sensación de angustia, de extrañeza y de ser conscientes de que aquello que ven es irreal, debido a los ángulos imposibles, las líneas oblicuas y los espacios asimétricos. Una curiosidad respecto a la escenografía: Walter Reimann y Walter Böhrig (los encargados en pintar los escenarios) se inspiraron en el cubismo para alejarse de una iluminación de tipo tradicional. También es cierto que, tras la guerra y el poco presupuesto, no disponían de iluminación real, por lo que tenían que simularla de esta manera.

El maquillaje estaba exageradamente marcado para recrear a fantasmas y monstruos. Por ejemplo, Cesare, al que se le representa con un rostro pálido y ojos negros debido a que es sonámbulo. Además, este personaje tiene otra característica del expresionismo alemán: la exageración en la actuación. De aquí surgirá la inspiración para los primeros zombis de la historia del cine.

La historia que hay detrás del Dr. Caligari

El filme nos cuenta la historia del Dr. Caligari y de su fiel sonámbulo, Cesare. Ambos están vinculados con una serie de extraños asesinatos en un pueblo llamado Holsternwall. Un buen día, durante el carnaval del pueblo, Francis y su amigo Alan van a la atracción del Dr. Caligari y de Cesare. Se decía que toda pregunta que le hicieras al sonámbulo, este la contestaría correctamente. Alan le pregunta a Cesare cuánto tiempo de vida le queda, a lo que este le responde que morirá al día siguiente antes del amanecer. Esta premisa, que pudiera parecer sencilla, es uno de los elementos de terror clásico que hemos leído seguramente en millares de cuentos: el protagonista intentando cambiar el destino. Además, la obra nos habla de un triángulo amoroso (Francis y Alan están enamorados de la misma mujer). Esto, que es un cliché, es usado en realidad para engañar al propio espectador. Por otro lado, la película introduce el uso de *flashback* (que suele ser atribuido a Orson Welles con *Ciudadano Kane*) y por otro lado empela un recurso de la literatura clásica que hasta entonces no fue usado en el cine: *el narrador no fiable*. Este narrador es Francis y a lo largo de la película descubriremos que no era tan amigo de Alan como parecía. En realidad, el Dr. Caligari y Cesare son los compinches de nuestro narrador.

No es de extrañar que los guionistas, Carl Mayer y Hans Janowitz, escribiesen esta película, porque ambos tenían un sentimiento antimilitarista. Además, el propio Janowitz, voluntario durante la Primera Guerra Mundial, había quedado horrorizado ante la experiencia e invirtió su tiempo en escribir poemas antibélicos. Por otro lado, Mayer se libró del servicio militar alegando tener una lesión. El detonante fue una experiencia que presenció el propio Janowitz en 1913: mientras visitaba un parque de atracciones vio a una mujer que le llamó la atención. Decidió seguirla, pero le perdió de vista cuando se metió en unos arbustos, donde, tras un momento, salió un hombre de estos. Al día siguiente leyó en las noticias que aquella mujer había sido asesinada en la propia feria. Este hecho le impactó. Además, notó que las cosas en Alemania habían cambiado, que se había vuelto más sórdida.

Debido a esta amistad, sus experiencias y su claro descontento hacia la realidad que le tocó vivir, vemos que ambos guionistas critican a la sociedad alemana en la película: Cesare representa al pueblo alemán, fácilmente manipulado y dócil ante las órdenes de Caligari, que encarna al Gobierno alemán durante la guerra.

Es curioso que, tras el estreno de la película y de su éxito (en el teatro de París estuvo proyectándose durante siete años, por poner un ejemplo), pareciera que ya estaba profetizando lo que iba a pasar. Tenemos que recordar que nos encontramos en 1920 y que, aunque no fuese conocido en aquel entonces, a Hitler solo le faltaban tres años para el *putsch* de Múnich.

Robert Wiene • Director

Nació en Breslau en 1873. Escribió y dirigió su primer cortometraje en 1913 con el título *Die Waffen von Jugend* (Las armas de la juventud). Durante la época muda, realizó sobre veinte cortometrajes y largometrajes. A pesar de esta extensa carrera, se vio en la obligación de exiliarse a Alemania e irse a Francia en 1930, debido al auge del Partido Nazi. En 1983, mientras grababa *Ultimátum,* murió de cáncer sin poder terminar su nueva obra. Robert Siodmak fue el director que se ocupó de acabar de grabar esta película.

Películas principales

Las armas de la juventud (1913)
El gabinete del Dr. Caligari (1920)
Raskolnikov (1923)
Las manos de Orlac (1924)

Filmografía adicional

Nosferatu el vampiro (1922)
El último (1924)
Metrópolis (1927)
Drácula (1931)
El tercer hombre (1949)

Nosferatu

Nosferatu - Eine Symphonie des Grauens

(1922)

"Su esposa tiene un hermoso cuello"

· · · ·

Ficha técnica

Duración	91 minutos
País	Alemania
Dirección	F. W. Murnau
Guion	Henrik Galeen. Basado en el libro de Bram Stoker
Música	James Bernard, Hans Erdman, Carlos U. Garza (película muda)
Fotografía	Fritz Arno Wagner (B&W)
Reparto	Max Schreck, Alexander Granach, Gustav von Wangenheim, Greta Schröeder, Georg H. Schnell, Ruth Landshoff, John Gottowt, Gustav Botz
Productora	Prana-Film GmbH
Género	Terror, expresionismo alemán

En unas escaleras, en el silencio, aparece una sombra, que se alarga tras cada peldaño. Dedos raquíticos y largos que salen de un abrigo. Chepa y nariz prominente. La sombra está casi arriba de la escalera. Descubrimos de quién se trata: es Nosferatu.

Este filme es una libre adaptación de *Drácula,* de Bram Stoker, al cual nunca se le concedió los derechos para crear esta película dado que se pensaba por aquel entonces que el cine era un arte menor. Por ello se tuvo que cambiar ligeramente la trama y el nombre de los personajes, para no tener que pagar derechos de autor. Aunque no fue la primera película sobre Drácula, pues un año Karóly Lajthay filmó una obra titulada *Drakula halála* (La muerte de Drácula), que hoy se considera perdida.

Henrik Galeen tuvo que escribir el guion cambiando la trama y los nombres de los personajes principales. Creó así la historia de Nosferatu. Un joven empleado de bienes y raíces llamado Hutter tiene que viajar de Bremen hasta Checoslovaquia para conocer al conde Orlock, quien compra unas propiedades de la ciudad natal de Hutter. Descubrimos en el filme que Orlick es en realidad un vampiro que trae consigo la muerte y la peste a su ciudad, y que además desea a la joven y bella Ellen, la esposa de Hutter.

Una muerte anunciada

Algo que me encanta de esta película es cómo muestra al espectador dos mensajes de una forma rápida y sencilla, con las dos primeras escenas. En la primera, Hutter corta unas flores para su amada Ellen. Esta escena, que en principio pudiera parecer que no tiene ningún trasfondo, realmente nos está hablando sobre la idea del sacrificio. En la siguiente escena, Hutter se encuentra con un conocido. Esto nos habla del destino, del que uno no puede escapar (como ocurría con *El gabinete del Dr. Caligari*).

Por otro lado, algo destacable es que apenas hay simbología religiosa, y eso es debido a que la obra fue escrita con las indicaciones de su productor y director artístico, Albin Grau, que era una figura relevante entre los ocultistas del momento. A lo largo del filme podemos comprobar que no hay apenas cruces, ni siquiera cuando Hutter está en el hospital (algo que estaba a la orden del día de aquel entonces). Es cierto que hay una escena de un cementerio al lado del mar con varias cruces en las lápidas, pero esto no se hace para hablar del cristianismo, sino para representar a la muerte. Además, aparece un crucifijo sobre la cama de Ellen, pero es irrelevante, dado que a nuestro querido vampiro le pasa desapercibido, es inmune a esta.

Con todo esto quiero decir que el mal está presente a lo largo de la película, que lo representa como una realidad de la vida. Como en la escena en la que (a pesar de que no influye en la trama, pero sí en el mensaje) se nos muestra una planta carnívora devorando a una mosca. También, volviendo a la primera escena de la película, cuando Hutter corta unas flores para Ellen, ella lo rechaza, no por el acto de mostrar su amor, sino por lo que ello implica: el sacrificio y la muerte. Es decir, que desde el principio Ellen es ese ramo de flores.

La doble cara de la moneda

Otro aspecto destacable son las diferencias y lo que representa cada personaje. Nuestro protagonista es retratado de una forma sencilla, con un aspecto inocentón y una sonrisa en la cara. Ciego debido a un pensamiento demasiado racional, es incapaz de observar la realidad que hay ante sus ojos. Mientras, Ellen es todo lo contrario, más sensible. Hasta se podría decir que tiene una cierta sensibilidad ante el esoterismo, es capaz de percibir lo que ocurre a su alrededor: el ocultismo de Nosferatu y la falta de madurez de Hutter, que provocará el horrible desenlace para ella.

Por último, aunque pensemos en vampiros malvados, lo cierto es que Nosferatu es más bien representado como un pobre diablo que está atrapado en el propio mal sin que él lo quiera. De hecho, hay una escena en la que vemos a Nosferatu en su nueva casa asomado en una ventana que parecieran barrotes o incluso nichos de cementerio, dándonos el mensaje de que él está prisionero entre la vida y la muerte. Al final, no es que quiera hacer el mal por el mal, sino que hace su trabajo de difundir la muerte.

El cine sonoro y el renacer de Nosferatu

Lo cierto es que, cuando se estrenó *Nosferatu*, Florence Stoker no se puso muy contenta. La obra de su marido fallecido fue plagiada, a pesar de cambiar los nombres y reducir la trama a lo mínimo. Esto no impidió que denunciara a los productores (Prana-Film). Desgraciadamente, estaban en banca rota debido a una muy mala gestión y se negaron a pagar lo que le correspondía a la viuda. Al final, el juez dictaminó que había que requisar y destruir todos los negativos. Pero esto no impidió que *Nosferatu*, con otro nombre, se volviese a estrenar. Estamos hablando de *Die zwölfte Stunde*.

Nos encontramos en los años 20. Quizá a alguno le sorprenda, pero es aquí cuando se crea y se desarrolla el cine sonoro. Esto provoca un gran impacto en los espectadores, que iban en masa al cine con la premisa de ver películas sonoras, independientemente de la calidad que tuvieran. Dado que el cine es un negocio, las productoras decidieron sacarle tajada reestrenando películas mudas con nuevos sonidos, efectos sonoros y diálogos que no pegaban mucho con la trama. A pesar del mal gusto de hacer esto (en mi opinión), no impidió que repitieran lo mismo con *Nosferatu*. El problema, como ya he dicho antes, era que ya no había negativos de la película original. Pero, por destino o por suerte, Albin Grau (el productor mencionado arriba) todavía tenía una copia original en sus manos, que fue vendida (no sé cómo porque no tenía los derechos de autor) al productor Waldemar Roger. Tras la venta, este creó la productora Deutsch Film Produktion, para volver a reestrenar *Nosferatu,* pero en versión sonora. Roger, para no pagar derechos de autor, volvió a cambiar los nombres de los personajes e hizo alteraciones en la trama. Por ejemplo, Ellen no muere al final, sino que se le ve con su amado Hutter antes de poner los créditos finales. Además, se introdujeron en la película efectos sonoros y tenía banda sonora. Por otro lado, se grabaron nuevas escenas para introducirlas en la copia original, como por ejemplo cuando Hutter va al castillo del conde Orlok (Nosferatu) y se encuentra en medio de una festividad de los campesinos. No aporta nada a la trama, de hecho, ralentiza la película. Hay otra escena añadida: se celebra una larga misa en honor a las víctimas de la plaga oficiada por un joven y atractivo cura y con un coro de niños. Evidentemente, ningún actor ni actriz de la película original fueron usados.

Esta nueva versión de *Nosferatu,* ahora llamada *Die zwölfte Stunde* (para evitar más problemas legales con Florence Stoker), fue estrenada en 1930. Aunque es cierto que en otros países no se molestaron en cambiarle el nombre, como ocurrió en España.

F.W. Murnay • Director

Nacido en 1888 en el seno de una familia de acomodados fabricantes textiles de Bielefeld, Friedrich Wilhelm Plumpe adoptó el apellido Murnau en honor a una colonia de artistas de los Alpes bávaros. Fue alumno de Max Reinhardt, productor y director de teatro y cinematográfico, además de uno de los impulsores del expresionismo en las artes escénicas. Murió el 11 de marzo de 1931 a causa de un accidente automovilístico cuando acababa de completar su último filme, *Tabú*.

Películas principales

- *Nosferatu* (1922)
- *El último* (1924)
- *Faust* (1926)
- *Sunrise: A Song of Two Humans* (1927)
- *Tabú* (1931)

Filmografía adicional

- *El Golem* (1920)
- *El doctor Mabuse* (1922)
- *El gabinete del Dr. Caligari* (1922)
- *El último* (1927)
- *Metrópolis* (1928)
- *Drácula* (1960)

El acorazado Potemkin

(1925)

"Camaradas, ha llegado la hora de actuar"

• • • •

Ficha técnica

Duración	77 minutos
País	Unión Soviética
Dirección	Sergei M. Eisenstein
Guion	Sergei M. Eisenstein, Nina Agadzhanova
Música	Edmund Meisel, Nikolai Kryukov, Neil Tennant, Chris Lowe
Fotografía	Eduard Tissé, Vladimir Popov (B&W)
Reparto	Aleksandr Antonov, Vladimir Barsky, Griogori Aleksandrov, Mikhail Gomorov, Ivan Bobrov, Aleksandr Levshin, Konstantin Feldman
Productora	Goskino
Género	Drama, bélico

Eisenstein, con tal solo veintiséis años, desencantado con el teatro, decide crear su primera obra cinematográfica, *La huelga,* en 1925. Este filme no pasó desapercibido: se ganó no solo el respeto en el mundo de la cultura, sino que también atrajo la atención de las autoridades soviéticas. No es de extrañar que, tras el éxito de *La huelga,* las autoridades soviéticas, con el motivo del vigésimo aniversario de la Revolución de 1905, le pidiesen el encargo de crear lo que conocemos hoy en día como *El acorazado Potemkin.*

La película está basada en hechos reales que sucedieron en el puerto de Odessa (hoy en Ucrania) durante la semana de 26 de junio de 1905. El filme habla de la tripulación del acorazado *Potemkin,* humillada injustamente por los altos mandos, que los obligan a comer carne podrida. Estos se niegan y comienza una rebelión en el barco. Debido a esto, los intendentes Matyushenko y Vakulinchuk apoyan a los trabajadores en la sublevación hasta conseguir la victoria. Tras esto, el acorazado se dirige al puerto de Odessa, donde los ciudadanos tienen un fuerte malestar civil. Una vez en el puerto, el cadáver de Vakulinchuk, que no pudo sobrevivir a la rebelión, es depositado en tierra firme. Los ciudadanos se agrupan y comprueban que su muerte fue "por no comer una cucharada de sopa". Tras esto, la ciudadanía se alza contra el poder zarista.

La eterna escalera

Quizá no has visto esta película, pero sí *Los intocables de Eliot Ness* (1987) o *Los Simpson*. Te sonará entonces una escena en la que hay un cochecito con un bebé dentro que cae por unas escaleras. Ese fragmento, copiado y parodiado, viene de esta película. Pero ¿qué tiene de importante? A diferencia del cine de Hollywood, donde el montaje de las películas está hecho de tal modo que a ojos del espectador la edición sea invisible y que esas historias pudieran parecer reales, en la URSS el montaje es todo lo contrario, con la intención de reafirmar la idea en el espectador de que lo que está viendo es ficción. En este tipo de montaje Eisenstein es pionero. Inspirado en los experimentos de montaje del teórico Lev Kuleshov, que realizó entre 1910 y 1920, en el cual jugaba poniendo un plano de algo o alguien y consecutivamente otro plano de un hombre mirando a cámara, podía comprobar cómo el espectador reaccionaba de una forma u otra. Por ejemplo, aparece una niña en una tumba de flores y a continuación un hombre mirando a cámara, creando en el espectador la ilusión de que el hombre está apenado. Mientras, si ponía a una mujer tumbada en el sofá y después la misma imagen del hombre, crea en el espectador la idea de que son amantes. Tras estos experimentos que realizó Kuleshov, Eisenstein fue el primero en ponerlo en práctica, dado que para él lo más importante era el montaje. Por otro lado, el director, a la hora de crear sus obras, se tomaba ciertas libertades, pues la realidad de los hechos no le es importante.

Eisenstein crea el drama, la furia, la masacre, la desesperación en las escaleras de Odessa. El ejército zarista, en la cima de las escaleras, baja poco a poco, mientras mata a los ciudadanos que se están rebelando contra ellos. A pesar de que esa escalera en la vida real tiene 200 peldaños, el montaje está hecho de tal modo que parezca aún más grande. Cortes abruptos, planos y acciones que se repiten sucesivamente crean el caos, el fervor y la confusión entre el espectador. Una madre, en medio de la batalla, lucha por salir de ahí con su hijo. Es embestida por un soldado zarista que provoca que el carro se caiga. El cochecito pasa entre escalón y escalón tambaleándose. Gritos y horror, y sigue bajando (una y otra, y otra, y otra vez) a duras penas. Parece que de un momento a otro el niño se caerá y morirá aplastado por el ejército y los ciudadanos. La secuencia termina con el carrito del bebé a punto de caer al suelo y su madre tuerta. Aunque no se vuelve a ver al bebé, pudiera darse a entender que este muere, para demostrar al espectador la crudeza del momento. Esta célebre secuencia dura once minutos y tiene más de 170 planos.

La propaganda

Hay que recordar que es una película hecha de encargo para las autoridades soviéticas de la época. Para algunos hoy podría parecer radical. Eisenstein consigue gracias al montaje películas épicas, mientras que los personajes son usados para dar un mensaje claramente comunista. Esto lo podemos apreciar con el intendente Vakulinchuk, que al ser un héroe se convierte en un mártir tras su muerte, e inspira a los demás ciudadanos a luchar contra el ejército zarista, que nunca tiene rostro como lo tiene el intendente. Esta sutileza muestra a la humanidad representada por el héroe contra la violencia zarista, al igual que también se enseña con la secuencia de la escalera.

Sergei M. Eisenstein • Director

Nacido en Letonia en 1898, debutó como director en 1920 en la compañía de teatro Proletkult de Moscú. Es el creador de una trilogía sobre la Revolución: *La huelga, El acorazado Potemkin* y *Octubre*. A pesar de ser invitado a Hollywood en 1930, sus obras no encajaron con el estilo americano, por lo que volvió a la Unión Soviética, donde se encontró una política contraria a sus ideas formalistas. Murió en 1948, con una filmografía de ocho películas.

Películas principales

El acorazado Potemkin (1925)
Octubre (1928)
Alexander Nevsky (1928)

Filmografía adicional

El nacimiento de una nación (1921) / *Octubre* (1928)
Tiempo de amar, tiempo de morir (1960)
Historia de una revolución (1989) / *El arca rusa* (2004)

Metrópolis

(1927)

"El mediador entre el cerebro y las manos ha de ser el corazón"

• • • •

 Ficha técnica

Duración   153 minutos
País   Alemania
Dirección   Fritz Lang
Guion   Thea von Harbou
Música   Bernd Schultheis, Gottfried Huppertz
Fotografía   Karl Freund, Günther Rittau (B&W)
Reparto   Gustav Fröhilich, Brigitte Helm, Alfred
              Abel, Rudolf Klein-Rogge, Fritz Rasp,
              Theodor Loos, Heinrich George, Fritz
              Alberti, Grete Berger, Heinrich Gotho,
              Georg John, Olaf Storm
Productora   U.F.A.
Género   Ciencia ficción

Fritz Lang, el visionario director alemán, estuvo trabajando más de un año en esta película, la más cara que rodó, una distopía de ciencia ficción llamada *Metrópolis*. El filme tiene deslumbrantes efectos especiales. Nos habla de un futuro premonitorio en el cual la clase trabajadora es explotada y vive debajo de la tierra con una gran máquina, el corazón de la ciudad, mientras la aristocracia vive en la superficie ajena al sufrimiento y dócil por el placer.

Los de arriba y los de abajo

Desde el principio, la película (ambientada en 2026) nos muestra los problemas de la clase obrera. En fila, de gris y cabizbajos, los trabajadores regresan a casa mientras, a su vez, otros trabajadores, igual de grises y cabizbajos, entran a trabajar. Una clase trabajadora infeliz y alienada con el individuo. Es un planteamiento básico sobre la ideología comunista y la lucha de clases, lo cual no es de extrañar debido a los acontecimientos históricos que se estaban viviendo en ese momento (mecanización tras la Primera Guerra Mundial, el eco de la Revolución rusa o el ascenso de poder del Partido Nazi).

Algo curioso aquí es la figura del Gran Hermano. George Orwell escribiría sobre ello en su famosa novela *1984*. Lang ya da las pinceladas de este ser que todo lo ve, todo lo controla y que reprime a los ciudadanos con su inmenso poder. Esta figura es personificada por Joh Fredesen, quien ha creado la ciudad de Metrópolis. Por supuesto que la ciudad está dividida por la jerarquía, alto y bajo, y más claramente visto con la aristocracia que vive encima del suelo, entre grandes edificios, jardines y la posibilidad de ver el sol. Mientras, los trabajadores viven y trabajan en el subsuelo, ajenos a los lujos de los de arriba. El mundo de arriba y el de abajo están conectados por el hijo de Joh Fredesen, Freder. Esta unión se hace cuando este, jugando con una mujer en un parque, es interrumpido por una manada de niños guiados por una hermosa mujer llamada María, de la que se enamora de inmediato.

No es casualidad que este personaje femenino tenga por nombre María. Lang juega con lo místico y lo religioso, con este personaje y su clon robótico. En una escena María es secuestrada por Joh y el inventor Rotwang, para transferir su cuerpo a uno robótico, que será usado para causar el caos entre los trabajadores. Con lo mencionado anteriormente sobre lo místico-religioso, el clon es representado con el vicio, amoral y desleal, lo cual podríamos decir que nos remite a Eva. Mientras, María es representada con el perdón, la misericordia y con una imagen casi virginal.

Por otro lado, lo que hacen Joh y Rotwang con esto es jugar a ser Dios a través de la ciencia. Al final de la película les sale mal la jugada: el clon de María es quemado en una hoguera hecha por los trabajadores, como si de una bruja se tratara. Finalmente, esta consigue que ambos mundos (los de arriba y los de abajo) se unan gracias a Freder. Ambos enamorados representan cada uno su mundo y su conexión.

La gran ciudad

La ambientación de la ciudad de Metrópolis es espectacular. A Fritz Lang se le ocurrió la idea cuando visitó Nueva York en 1924. En la película consigue dar la sensación de unos rascacielos enormes y personas que se ven como hormigas. Una ciudad de las luces donde los coches no paran de pasar entre grandes puentes.

Lang estuvo trabajando en esta película con el pionero de efectos especiales, Eugen Schüfftan, para crear una imagen despampanante de Manhattan, combinando maquetas de monorraíles y relucientes pináculos con enormes mecanismos cuyos operarios humanos se ven representados como simples dientes de engranaje, lo cual sigue alimentando la idea de lo que quiere comunicar Lang: arriba-abajo.

El rechazo

A pesar de que *Metrópolis* es una película de culto hoy en día, su estreno fue un fracaso en la taquilla. A los estudios U.F.A., donde se realizó, les costó cinco millones de marcos de la época. Utilizó sobre 750 actores de reparto y unos 40 000 extras, durante dos años de rodaje. Pero, a pesar del presupuesto y del tiempo empleado, a *Metrópolis* le cayeron las críticas. Por ejemplo, H.G. Wells (escritor y padre de la ciencia ficción) afirmó que era tonta. Buñuel por su parte comentó que parecía dos películas pegadas a la fuerza. El mismo Lang tampoco quedó muy contento con el resultado.

Pasado el tiempo, fue reconstruida por el músico Giorgo Moroder en 1984. De no ser por el italiano, *Metrópolis* hubiese sido olvidada y no se habría convertido en un filme de culto, icono del siglo xx.

No se trata solo de un hito en la ciencia ficción, sino que también es una gran distopía cinematográfica. Se convirtió en una referencia para creadores contemporáneos como el ya mencionado anteriormente George Orwell, y también para *V de vendetta* e incluso *Frankenstein*. Pese a esta historia distópica del siglo pasado, se puede ver que Lang no iba tan desencaminado.

Fritz Lang • Director

Nació en 1890 en Viena, en el seno de una familia católica. Abandonó sus estudios de diseño y se dedicó a viajar por el mundo. Le interesaban entonces las bellas artes. En 1915 se enrola en el Ejército astrohúngaro y combate en la Primera Guerra Mundial, tras la cual acabó con problemas físicos y mentales. Comienza entonces a escribir guiones y entra en el mundo del cine. Muere el 2 de agosto de 1976 en Los Ángeles.

Películas principales

El doctor Mabuse (1922)
Los Nibelungos (1924)
Metrópolis (1929)
El vampiro de Düsseldorf (1931)

Filmografía adicional

El gabinete del Dr. Caligari (1920)
La novia de Frankenstein (1935)
Tiempos modernos (1936)
Blade Runner (1982)
Matrix (1999)
Minority Report (2002)

La edad de oro

(1930)

Duración	62 minutos
País	Francia
Dirección	Luis Buñuel
Guion	Luis Buñuel, Salvador Dalí
Música	Georges Van Parys
Fotografía	Albert Duverger (B&W)
Reparto	Gaston Modot, Lya Lys, Maz Ernst, Pierre Prévert, Valentine Hugo, Caridad de Laberdesque, Pancho Cosío, José Artigas, Lionel Salem
Género	Drama, surrealismo

Tras dirigir *Un perro andaluz,* una película revolucionaria, Buñuel colabora con Salvador Dalí para crear *La edad de oro,* que fue financiada por los vizcondes de Noailles y que tuvo un presupuesto de un millón de francos. Desgraciadamente para ellos, Buñuel despreciaba a la aristocracia, por lo que, tras meditarlo, decidió realizar esta película, que critica precisamente a la aristocracia.

Está protagonizada por Gaston Modot y Lya Lys. Fue la segunda película sonora rodada en Francia. Además, fue la primera de la historia del cine que usaba la voz en *off.* Aprovechando el cine sonoro, Buñuel no duda en usar los famosos tambores de Calanda, y obras de la música clásica como *Tristán e Isolda* de Wagner, la Quinta Sinfonía de Beethoven, Debussy, Mozart, además de algún que otro pasodoble. Debido a la experiencia que tuvo Buñuel con *Un perro andaluz,* esta tiene un acabado mucho más profesional.

La edad de oro es la historia de amor entre un hombre y una mujer que no se pueden unir. Para mostrarlo, Buñuel lo narró mediante un *collage* de episodios surrealistas muy satíricos, con una crítica hacia la frivolidad de la aristocracia, el envenenamiento institucional de los sistemas religiosos católicos y las absurdas normas sociales establecidas en el momento. Una sociedad en decadencia que se refugia en la locura para escapar de su realidad. Lo absurdo, lo onírico, la poesía y lo surrealista se unen de una forma natural y con un buen ritmo.

Los escorpiones

Si bien Buñuel ya usaba insectos y otros animales para dar un significado profundo y extravagante en *Un perro andaluz,* en *La edad de oro* no iba a ser menos. En este caso un elemento importante son los escorpiones, empleados para analizar el comportamiento humano en sus estados primarios, cuando es dominado por sus instintos e impulsos más básicos.

Con los escorpiones, Buñuel quería mostrarnos al hombre en el mundo civilizado: malvado, individualista, que actúa de forma robótica, venenoso, huyendo de la luz del sol, agresivo, en una pelea constante en contra de presas mayores que él; siempre listo para atacar, pero, a su vez, siempre defensivo, y en espera de mensajes negativos (entorno hostil ante el cual siempre tiene que estar alerta).

Bandidos y arzobispos

Al principio nos encontramos con una escena en la que aparece un grupo de bandidos (que Buñuel identifica como escorpiones) cuya apariencia es andrajosa, derrotada y con una conducta irracional. Estos individuos deciden atacar a un grupo de arzobispos, que son representados mediante un *tableau vivant*[1]. Buñuel usó esta representación de los obispos para plasmar los valores arcaicos y caducos que se atribuían a la religión católica, los cuales

---

1 Recreación de una o más personas de una determinada obra pictórica a través de sostener con el cuerpo una determinada pose y puesta en escena, con su vestuario y su utilería correspondientes.

se verán a lo largo de la película. Por otro lado, la actitud derrotista de los bandidos, que van cayendo uno tras otro durante el camino hacia los arzobispos, nos da a entender la falta de fuerza en la lucha contra la opresión de la religión. Esta lucha llega tarde, cuando los bandidos consiguen asomarse tras una piedra y observan que los arzobispos han desaparecido.

La idea que se nos quiere transmitir es la protesta contra el conservadurismo político y religioso en el que el director se crio, un corsé colectivo de la atrasada y reaccionaria España de principios de siglo. Buñuel dinamitó los valores conservadores con crueldad, incongruencia, erotismo y el humor.

Los amantes

Antes de presentarnos a nuestros protagonistas, se inicia la secuencia con la imagen de la ciudad de Roma, que representa la civilización occidental. Seguidamente vemos imágenes de casas derrumbándose, con lo que se refiere a la decadencia de la sociedad.

Mientras, se nos presenta a los protagonistas, dos amantes abrazados y besándose en el barro. Son separados por la policía (para él) y varias monjas (para ella). Es aquí cuando vemos un montaje en paralelo en el que el chico es llevado por los policías, que reprimen no solo el mundo exterior, sino los propios deseos e impulsos. Durante el camino observamos carteles que nos recuerdan a su mujer amada y lo erótico que despierta en él. Mientras, ella se nos muestra con un dedo vendado. No es casualidad, dado que los carteles que veía el hombre mientras estaba secuestrado se unen con el dedo de ella, que se está masturbando. Después, nos encontramos en la habitación de ella, donde hay una vaca tumbada en la cama, que es echada por la protagonista con naturalidad. Por un lado, lo que nos quiere decir Buñuel con la cama es el descubrimiento sexual, lo íntimo, mientras que la vaca es la sumisión y la obediencia. Visto que echa a la vaca con naturalidad, podríamos interpretar que ella representa la negación a aceptar los convencionalismos establecidos.

Censura

Cuando Buñuel estrenó su nueva obra, duró seis días en el cine Studio 28. Fue prohibida por la policía debido a la ira de movimientos ultracatólicos, como La Liga de los Patriotas y Antisemitas, como La Liga Antijudía, que destrozaron la sala de cine en la cual se expuso. Gritos de odio y de rabia contra la obra. La prohibición de la película duró hasta 1980 en Nueva York y 1981 en París. En España, por supuesto, la cinta ni siquiera se conserva hoy.

Luis Buñuel · Guionista y director

Nacido en 1900 en Calanda (Teruel), pasó su infancia y su adolescencia en Zaragoza, donde estudió en colegios religiosos. Cuando cumplió 17 años, se fue a Madrid, donde conoció a Dalí, Lorca, Alberti y Juan Ramón Jiménez. Durante y después de la Guerra Civil, trabajó en diferentes proyectos, pero las cosas no le fueron demasiado bien. Dirigió un total de 32 películas, la primera en 1929 y la última en 1977. Falleció en Ciudad de México en 1983. Las últimas palabras que pronunció a su mujer, Jeanne, fueon: "Ahora sí que muero".

Películas principales

Un perro andaluz (1929)
La edad de oro (1930)
Las Hurdes, tierra sin pan (1933)
Los olvidados (1950) / *Viridiana* (1961)

Filmografía adicional

El séptimo sello (1957)
El discreto encanto de la burguesía (1971)
Brazil (1985)
Blue Velvet (1986)
Barton Fink (1991)
Cómo ser John Malkovich (1999)
Mulholland Drive (2001)

King Kong

(1933)

"Damas y caballeros, ¡este es Kong, la octava maravilla del mundo!"

• • • •

Ficha técnica

Duración	100 minutos
País	Estados Unidos
Dirección	Merian C. Cooper, Ernest B. Schoerdsack
Guion	James Ashmore Creelman, Ruth Rose. Idea: Edgar Wallace
Música	Max Steiner
Fotografía	Eddie Linde, Vernon L. Walker, J. O. Taylor (B&W)
Reparto	Fay Wray, Robert Armstrong, Bruce Cabot, Noble Johnson, James Flavin, Sam Hardy, Frank Reicher
Productora	RKO Radio Pictures
Género	Aventuras, fantástico

Aclamada por "superar las emociones más salvajes", Merian C. Cooper y Ernest B. Schoedsack hicieron en 1933 este clásico, que ofrece un componente esencial del cine de Hollywood: te permite escapar de la realidad. Estrenada en la Gran Depresión, la película complació a la multitud y transportó al público a la lejana isla Calavera, donde podían olvidar sus problemas y perderse en una aventura.

Esta película es importante debido a lo innovador de sus efectos especiales y el uso de la animación *stop-motion,* unos logros que hoy siguen siendo revolucionarios. Su iconografía y su mitología han inspirado *remakes* y reimaginaciones hasta hoy.

King Kong nos narra la historia de Carl Denham, que viaja en un baro con una gran tripulación, junto a su amigo Jack Driscoll y la estrella Ann Darrow, a una isla desconocida para rodar una película. Los nativos locales adoran a un enorme gorila llamado Kong, por lo que deciden secuestrar a Ann para que sea sacrificada para el animal. Jack Driscoll está enamorado de ella y quiere rescatarla, mientras Carl Denham pretende capturar a Kong para exhibirlo en Nueva York.

Kong como metáfora del racismo

Existe un acuerdo casi unánime entre académicos y críticos de que *King Kong* es una especie de alegoría racista, que representa simbólicamente la visión de los negros de la América blanca en ese momento. La sociedad estadounidense se vio afectada por las tensiones raciales y sociales de ese momento. Aunque la trama parece una aventura épica sobre el papel, se debe observar con atención: un equipo de filmación heroico navega hacia una isla inexplorada, que es el hogar de un simio gigante conocido como Kong. Aquí, la protagonista *blanca* de la película es secuestrada por Kong, solo para ser rescatada más tarde por su caballero *blanco* de brillante armadura. El *bruto* Kong es capturado y llevado a Nueva York para ser exhibido como la Octava Maravilla del Mundo. Pero el gorila de alguna manera se libera, secuestra a la protagonista y emprende una ola de destrucción, antes de ser derribado en lo alto del Empire State Building.

Muchos estudiosos del cine creen que la captura y el encadenamiento de Kong están relacionados metafóricamente con la trata de esclavos en Estados Unidos. Estrenada 35 años antes del nacimiento de la Ley de Derechos Civiles de 1964, una ley histórica que prohíbe la discriminación por motivos de raza, color, religión, sexo u origen nacional, la película insinúa que, si los hombres negros (representados por Kong) tuvieran libertad total, se produciría el caos y la destrucción. Dirigida por Merian C. Cooper y Ernest B. Schoedsack, el filme también se considera una advertencia sobre el romance interracial.

Kong y el colonialismo

Las películas de Kong también establecen paralelos incómodos con el colonialismo. Un equipo de exploradores del oeste invade la ficticia isla Calavera, cuyos habitantes son representados como negros. Kong es visto por muchos como un líder intrépido de estas personas, un guerrero que es encadenado a la fuerza y transportado a un mundo diferente, para diversión y beneficio de los blancos. La rebelión del gorila es vista como un movimiento de los nativos para derrocar el poder de los colonos. El asesinato de Kong al final es considerado el aplastamiento de esa rebelión por la fuerza bruta.

No te metas con la naturaleza

King Kong es una advertencia contra el deseo de la humanidad de explotar la naturaleza para beneficio personal. Se personifica como la fuerza desenfrenada de la naturaleza que, al ser menospreciada por los hombres, desata una furia que tiene severas repercusiones. Irónicamente, en todas las películas de Kong hasta la fecha (ha habido ocho hasta ahora), la *bestia* emana más empatía que otros seres *humanos*.

Kong es una maravilla visual

Kong nunca se vio más grande o aterrador que en *Kong: Skull Island*. Este gorila es la primera estrella de cine de efectos visuales de Hollywood y un recordatorio conmovedor de que la tecnología puede crear personajes tan cautivadores y atractivos como los humanos. Pero esto es más fácil decirlo que hacerlo. Según los informes, unos 300 artistas de efectos especiales trabajaron durante más de 18 meses para crear el King Kong de 31 metros de altura. Kong es notable en esta película por la forma en que interactúa con su entorno: cómo se lava una herida en un río; los parches de barro pegados en su pelaje; sus grandes ojos, que transmiten ira y dolor... Es esta estricta atención a los detalles lo que hace que este Kong perdure. "Sí, esta es una criatura enorme que tiene que luchar, pero también tiene momentos emotivos cuando está sentado, lamiéndose las heridas. Es más que una gran bestia que corre y grita", dijo uno de los animadores que trabajó en la película.

Cooper y la censura

Desde el momento de su realización, la película cayó bajo la tijera de la censura. El propio Cooper eliminó una secuencia después del estreno mundial: cuando los hombres sacudidos del tronco caen en un abismo, donde son devorados por arañas gigantes. Se eliminó otra escena después de la entrada en vigor del *motion picture code*, la que muestra a Kong quitando con curiosidad algo de la ropa de Wray, haciéndole cosquillas y oliendo sus dedos. También se cortaron primeros planos de humanos aplastados entre las mandíbulas de Kong en varias versiones. Ahora la película está intacta nuevamente, excepto lo que respecta a las arañas.

Vina Fay Wray • Actriz

Nació en Alberta (Canadá) en 1907. A los 16 años debutó con un cortometraje histórico patrocinado por un periódico local. En la década de 1920 consiguió el papel principal en la película *La patrulla costera*. En 1927 firmó un contrato con la Paramount Pictures para realizar una serie de películas de mediana calidad. Abandonó el estudio y firmó contratos con varias compañías cinematográficas, hasta convertirse en una actriz para películas de terror. En 2004, Peter Jackson le ofreció hacer un cameo en el *remake* de King Kong de 2005, pero desgraciadamente la actriz falleció en 2004.

Películas principales

El malvado Zaroff (1932)
King Kong (1933)
La mujer preferida (1933)
Los crímenes del museo (1933)
El burlador de Florencia (1934)

Filmografía adicional

Furia de titanes (1981)
La bella y la bestia (1991)
El mundo perdido: Jurassic Park (1997)
Godzilla (1998)

Tiempos modernos

(1936)

"¿De qué sirve intentarlo?"

• • • •

Ficha técnica

Duración	89 minutos
País	Estados Unidos
Dirección	Charles Chaplin
Guion	Charles Chaplin
Música	Charles Chaplin (película muda)
Fotografía	Roland Totheroh, Ira H. Morgan (B&W)
Reparto	Charles Chaplin, Paulette Goddard, Henry Bergman, Chester Conklin, Stanley Stanford, Hank Mann, Louis Natheaux, Allan García
Productora	United Artists
Género	Comedia, sátira

Aunque estuvieran pasadas de moda en 1936, Charles Chaplin creó su última película muda[1], a pesar de que hubiese pasado poco más de diez años desde la primera película sonora *Conchita Piquer (From far Seville)*[2].

Tiempos modernos fue hecha conscientemente para la era sonora. El filme se convirtió en una obra maestra de la comedia. Hoy sigue siendo accesible incluso para los amantes del cine criados con imágenes de ordenador y sonido envolvente.

Se dice que la idea fue dada a Chaplin por un joven reportero, quien le habló sobre el sistema de línea de producción en una fábrica de Detroit. Aseguraba el reportero que los trabajadores se estaban convirtiendo en un manojo de nervios. Así empieza la aventura de nuestro querido vagabundo, al que mientras trabaja en una fábrica le es difícil coincidir su propia sensibilidad con el mundo mecanizado moderno. Al fracasar como trabajador en la línea de montaje de una fábrica, se ve envuelto en una serie de aventuras y desventuras, lo que lo lleva a conocer a una joven recientemente huérfana, que se escapó para no terminar en un orfanato. Intentan sobrevivir juntos en el mundo, ambos huyendo de la ley, aunque sus períodos anteriores tras las rejas fueron para él más reconfortantes que la vida al aire libre en el frío mundo moderno. Más

---

1   Dejando de lado que en una parte de la película se le ve cantando, de que el jefe de la fábrica habla brevemente, y otros breves diálogos y efectos de sonido.

2   A pesar de que el título de primera película sonora ha sido siempre atribuido a *El cantor de jazz* (1927), hace unos años se descubrió que ese título le correspondía a *Conchita,* dado que la cinta olvidada corresponde a 1923.

allá de ser buscados por la ley, la pregunta es si ellos individualmente o juntos pueden encontrar su lugar adecuado en el mundo en constante cambio que parece perseguirlos.

Pero la razón más importante de la relevancia continua de la película son sus temas contemporáneos y su perspectiva visionaria del futuro. El famoso plano simbólico de apertura, con imágenes de oleada tras oleada de ovejas amontonándose en un pasadizo de redil que se disuelve repentinamente en imágenes de trabajadores saliendo de una estación de metro, no ha perdido nada de su impacto. De hecho, los espectadores contemporáneos establecerán fácilmente la conexión entre la imagen de Chaplin y el mundo de los recintos y pasillos tan familiares para los habitantes de cubículos de las corporaciones estadounidenses.

Crítica al mundo moderno

En una escena del principio se nos presenta al vagabundo tratando de tomarse un descanso durante las horas de trabajo. Está en el baño, solo para que una imagen en pantalla grande de la cabeza del jefe aparezca repentinamente en la pared y le ordene que deje de detenerse y regrese al trabajo. El público moderno que ve esta escena puede reflexionar con pesar sobre la realidad cotidiana de la vigilancia electrónica en el lugar de trabajo, tal vez sin darse cuenta de que la secuencia se filmó décadas antes de la televisión viable, por no hablar de la comunicación bidireccional en la pantalla grande[3]. Como sugieren todos estos ejemplos, *Tiempos modernos* mira hacia el futuro, pero no con entusiasmo. A menudo descrito como una sátira de la era de las máquinas, la película tiene de hecho un tema más amplio: los efectos deshumanizantes de muchos aspectos de la modernidad, incluida la industrialización, la burocracia, la urbanización y la aplicación de la ley.

Obviamente, Chaplin no estaba en contra del progreso o la tecnología —después de todo, el cine en sí mismo, incluso el cine mudo, es un medio esencialmente moderno—. Y no hace falta decir que la era moderna ha traído muchos avances extraordinarios en áreas como la medicina, la producción de alimentos, etc. Aun así, incluso si decidimos al final que, considerando todas las cosas, preferimos la calidad de vida de hoy a la de períodos anteriores, eso no debería impedirnos reconocer los males y fallas sociales de nuestros días. Por ejemplo, un tema recurrente en *Tiempos modernos* es el fenómeno del desempleo. Ahora bien, obviamente no hay nada nuevo acerca de la pobreza y la miseria generalizadas. Pero el paro, tal como lo conocemos hoy, es un desarrollo comparativamente reciente, un subproducto de la economía laboral moderna que requiere que todos consigan un trabajo[4].

---

3   En un bonito efecto, cuando el vagabundo sale corriendo del baño, los ojos del jefe parecen seguirlo.

4   En las sociedades premodernas, en términos generales, el desafío para las personas sin discapacidad a menudo era menos encontrar trabajo que poder sobrevivir con el trabajo que uno hacía.

Al mismo tiempo, la crítica de Chaplin a los tiempos modernos a veces nos recuerda el progreso realizado en este país incluso desde su época. Todavía tenemos desempleo, por supuesto, pero en niveles comparativamente bajos y con un sistema de bienestar más sólido del que se pudiera encontrar Chaplin en su época. Aunque es cierto que hoy en día puedes encontrar, desgraciadamente, a personas que tienen que robar para poder comer, como la heroína de Chaplin (la vivaz Paulette Goddard, la esposa en la vida real de Chaplin en ese momento), que se dice que es una *gamin* o niña del paseo marítimo que "se niega a pasar hambre". O como los ladrones con los que se encuentra el vagabundo mientras trabaja como guardia de seguridad, uno de los cuales le conoce y le dice lastimeramente: "No somos ladrones, tenemos hambre". Tiene alguna justificación en la enseñanza moral cristiana tradicional, que define *robo* como "usurpar la propiedad de otro en contra de la voluntad razonable del propietario", con la condición de que alguien en peligro de muerte por falta de alimentos, o padeciendo cualquier forma de extrema necesidad, puede legítimamente tomar de otro tanto como sea necesario para hacer frente a su presente necesidad, aunque la oposición del poseedor sea completamente clara.

Los nazis y Chaplin

La película fue prohibida en Alemania. Reuter fue informado esa tarde en el Ministerio de Propaganda de que en ese momento no había perspectivas de que fuera a ser exhibida en este país. Otro portavoz nazi dijo que los informes del exterior habían indicado que la película tenía una "tendencia comunista" y que esta era sin duda la razón por la cual era inaceptable.

Este es el último movimiento en la campaña nazi para purgar Alemania de Chaplin. En los últimos meses las películas del director, que solían exhibirse con frecuencia allí, fueron desapareciendo de la pantalla a causa de las dudas que existían sobre la pureza aria del famoso comediante. Las postales con imágenes del actor, que solían mostrarse en escaparates de todo Berlín, desaparecieron y, debido a una orden oficial, ya no se volvieron a emitir sus películas (mientras el Partido Nacionalsocialista estuviese al mando en el país).

Un día, los famosos payasos de Rivels llegaron a un importante *music-hall* de Berlín con su acto, que solía incluir una parodia de Charlie Chaplin. El payaso que hacía de Charlie falso abandonó su bigotito y su bombín, y apareció con otro disfraz.

Chaplin • Director y actor

Charles Chaplin nació en 1889 en Londres. Allí vivió una infancia dura: un padre alcohólico que abandonó a su mujer, una cantante que acabó en un manicomio. Estas experiencias le inspiraron para crear su famoso y marginal personaje de Charlot. Siendo adolescente se unió a una compañía de circo, hasta terminar en Estados Unidos gracias a un promotor teatral. Con tan solo 26 años, era una estrella con su propia empresa cinematográfica. Falleció en 1977.

Películas principales

El chico (1921)
La quimera de oro (1925)
Luces de la ciudad (1931)
Tiempos modernos (1936)
El gran dictador (1940)

Filmografía adicional

El maquinista de la General (1926)
Metrópolis (1927)
Un retazo azul (1965)
Chaplin (1992)
The Artist (2011)

Blancanieves y los siete enanitos

(1937)

"¿Quién es en este reino la más hermosa?"

• • • •

Ficha técnica

Duración	83 minutos
País	Estados Unidos
Dirección	David Hand
Guion	Ted Sears, Otto Englander, Earl Hurd, Dorothy Ann Blank, Richard Creedon, Dick Richard, Webb Smith, Ted Sears. Cuento: los hermanos Grimm
Música	Leig Harline, Paul J. Smith, Frank Churchill
Fotografía	Animación
Reparto	Animación
Productora	Walt Disney Productions
Género	Animación, fantástico

Fuera del canon de Disney, *Blancanieves y los siete enanitos* es la más grande en términos de importancia cultural. Disney produjo cortos durante años antes de esta película y, en general con éxito, pero este fue su primer y ambicioso intento de una película animada de larga duración, y fue a por todas. Si *Blancanieves* no hubiera tenido el éxito que tuvo, las siguientes películas (más de cincuenta y cinco) probablemente nunca habrían existido. Afortunadamente para Disney fue excelentemente acogida y eso le impulsó a continuar con el negocio.

Pero, por desgracia, sus próximos proyectos, *Pinocho y Bambi* no fueron tan rentables y terminaron sin dinero al final de su era dorada de corta duración, pero notablemente consistente. Tal como está, *Blancanieves* es una de las películas de princesas de Disney más agradables y se mantiene bien a pesar de su avanzada edad.

El filme es exactamente lo que dice el título. Se trata de las desventuras de Blancanieves y sus siete amigos enanos, mientras se encuentran en su pequeña cabaña y el bosque circundante. Una de las mayores ventajas es que la mayor parte se centra en ellos y en la gran cantidad de química que tienen como grupo, particularmente durante la sección prolongada dedicada a la primera noche de Blancanieves en la cabaña con los enanos, aprendiendo a vivir juntos. Sin embargo, la consecuencia de esto es que la tirana mágica, la Reina Malvada, y su desarrollo como personaje nunca dan la impresión de ser la antagonista, a pesar de ser la única razón por la que ocurre la historia. De hecho, ella desaparece de la trama durante más de cuarenta minutos a la mitad de la película. Tampoco logra mucho en el tercer acto cuando reaparece. En el cuento de hadas del que se adaptó, *Blancanieves,* la Reina Malvada intentó matar a Blancanieves tres veces antes de que lo consiguiera. La versión de Disney reduce esto a su intento más famoso y exitoso, la manzana envenenada.

Como ella fue la primera chica de la alineación y la que comenzó todo, Blancanieves encarna muchos de los estereotipos clásicos de las princesas de Disney: es pura de corazón; los animales la aman por lo amable que es; los chicos se sienten obligados a hablar de lo hermosa que es cuando están cerca de ella; habla con una voz suave, aleteante, conmovedora; se enamora a primera vista, y siempre trata de ver lo mejor en todos. Si esta película se produjera hoy, la gente a lo mejor descartaría rápidamente a su protagonista como demasiado dulce y pura, pero el encanto de la década de 1930 y la sinceridad del personaje le permite a Disney hacer pasar su interpretación.

Blancanieves es compasiva y comprensiva, pero también puede ser sarcástica y un poco tonta, en ocasiones hasta condescendiente. A pesar de su corta edad (14 años), tiene una severidad y una veta maternal que emerge cuando se niega a aceptar las tonterías de los enanos. Tiene clase y se comporta con dignidad, pero anhela que la acepten, por lo que su tranquila misión es ganarse al más brusco y desconfiado de los enanos, Gruñón. Pero su mejor lado de es la salvaje Blancanieves, rara vez vista. Después de que Gruñón continúe dándole la espalda, inmediatamente camina directamente hacia una puerta y ella le pregunta sarcásticamente: "Oh, ¿te lastimaste?". Después de mudarse con los enanos, Blancanieves se ofrece como voluntaria para ganarse el sustento haciendo las tareas del hogar mientras ellos extraen gemas. Porque resulta que ser convertida en sirvienta en su propia casa durante una década por su terrible madre tuvo algunos beneficios: la dejó con habilidades útiles para la vida con las que podría negociar, demostrando que nuestra princesa es capaz de adaptarse al medio.

Pero ¿y los príncipes?

Cuando se trata de las películas de princesas de Disney, los entusiastas de la animación a menudo señalan cómo las protagonistas se han vuelto mucho más desarrolladas y completas con el tiempo, lo cual es muy refrescante. Pero es fácil olvidar que la escritura de los príncipes de Disney ha llevado un largo camino desde *Blancanieves*. El príncipe Florian aparece en dos escenas y es una especie de enigma. Obtenemos más antecedentes sobre el Príncipe Encantador, ya que vemos su vida hogareña y tenemos una idea de cómo era antes de Cenicienta. El príncipe Felipe es el primer príncipe en ser nombrado en su película y participar en el clímax. El príncipe Eric se dedica mucho tiempo a demostrar por qué es compatible con Ariel. La Bestia recibió tanto enfoque en el personaje como Bella, e incluso más desarrollo del personaje, al dejar de ser un exaltado malcriado. La tendencia de desarrollo de personaje finalmente llega a un punto crítico en *Aladdin,* donde un príncipe de Disney se lleva una película entera él solo. A partir de ahí, los príncipes continuaron convirtiéndose en personajes más defectuosos: Naveen, de *Tiana y el sapo,* comenzó como un holgazán perezoso; Flynn Rider (*Enredados*) era un ladrón con problemas de autoestima, y Kristoff (*Frozen*), un misántropo solitario y gruñón, hasta que conoció a Anna.

Sin embargo, volviendo a Florian, es un noble errante a caballo que un día tiene un encuentro con la humilde Blancanieves. Florian la hechiza con una canción de amor genuinamente romántica. A lo largo de la película, ella espera reunirse con su príncipe y sueña con que se fuguen juntos. Obtiene su deseo finalmente, aunque no antes de una experiencia cercana a la muerte. Originalmente, a Florian se le iba a dar un papel más importante en la película, pero este se redujo, ya que la animación del personaje resultó ser sorprendentemente difícil para Disney. Como resultado, solo tiene dos escenas. Parece más como una guía para la trama que como un personaje. Lo más probable es que el final te conmueva, pero tiene más que ver con Blancanieves despidiéndose de sus amigos que con Blancanieves finalmente cabalgando con su príncipe misterioso.

En honor al mérito

La animación en *Blancanieves* es hermosa y hábilmente elaborada, aunque a veces parece tosca. Dado que este fue el primer intento del estudio de animar humanos con proporciones realistas, Disney usó actores humanos como referencia y tradujo sus acciones a la pantalla con la ayuda de la rotoscopia[1].

Blancanieves y los siete enanitos fue inmediatamente aclamada como una obra maestra (el director ruso Sergei Eisenstein la calificó como la mejor película jamás realizada). Sigue siendo la joya de la corona de Disney. Los ingresos brutos modernos inflados han permitido que otros títulos la superen en dólares totales, pero es probable que se trate de la película animada más vista y conocida de la historia del cine de animación. La palabra *genio* se usa con facilidad y por ello se ha desgastado, pero cuando se usa para describir a Walt Disney, dado que él concibió esta película en toda su extensión, estilo revolucionario e invención, cuando no había otra como esta, y que, en un grado u otro, cada largometraje animado realizado desde entonces le debe algo.

---

[1] Técnica que consiste en crear una animación constante reemplazando fotogramas de filmación real por dibujos calcados (como ocurre, por ejemplo, con los sables láser de *Star Wars*).

Walter Elias Disney

Nacido en Chicago en 1901, mostró a una temprana edad un gran interés por el dibujo. Asistió a clases de dibujo a los dieciocho y comenzó a trabajar como ilustrador comercial. En 1922, antes de crear la Factoría Disney, Walt fundó la compañía Laugh-O-Gram Films, con la que realizó exitosos cortometrajes basados en cuentos infantiles. Sin embargo, los gastos de producción superaban los beneficios y al año siguiente tuvo que cerrar. Hasta la fecha, la persona mejor recompensada por la Academia es él. El padre de Mickey obtuvo más de 60 nominaciones y 26 óscares, principalmente por sus cortos de animación. Murió en California en 1966.

Películas principales

Blancanieves y los siete enanitos (1937)
Fantasía (1940)
Bambi (1942)
Tiempo de melodía (1948)
Alicia en el país de las maravillas (1951)

Filmografía adicional

Pinocho (1940)
Dumbo (1941)
La cenicienta (1950)
El jorobado de Notre Dame (1996)

Lo que el viento se llevó

(1939)

"Mañana será otro día"

• • • •

Ficha técnica

Duración	238 minutos
País	Estados Unidos
Dirección	Victor Fleming, George Cukor, Sam Wood
Guion	Sidney Howard, Oliver H. P. Garrett, Ben Hecht, Jo Swerling, John Van Druten Novela: Margaret Mitchell
Música	Max Steiner
Fotografía	Ernest Haller
Reparto	Vivien Leigh, Clark Gable, Olivia de Havilland, Leslie Howard, Hattie McDaniel, Thomas Mitchell, Barbara O'Neil, Butterfly McQueen, Ona Munson, Ann Rutherford, Evelyn Keyes, Mickey Kuhn, Ward Bond, George Reeves
Productora	Selznick International Pictures, Metro-Goldwyn-Mayer (MGM)
Género	Drama, romance, histórico

Más de 80 años después de su producción, *Lo que el viento se llevó* bordea las afueras de la memoria viva y se transforma en una instantánea del pasado. La pregunta es: ¿cómo valoramos esta joya de la corona de la era dorada de Hollywood? ¿Debe ser atesorado como un clásico y una obra maestra en las próximas décadas, o ha de ser descartado como una reliquia anticuada e irrelevante? Ciertamente es una de las películas más paradójicas de la historia del cine. Ha cosechado enormes cantidades de amor y odio, y no solo dentro de un contexto moderno. Ha dividido al público desde el día de su estreno. Entre el intenso debate que la rodea encontramos las demandas más firmes para la censura y edición de esta película. Irónicamente, estas demandas han ayudado a mantener la relevancia de *Lo que el viento se llevó,* ya que no hay nada como la controversia para atraer audiencias. Con ochenta y tres años a sus espaldas, es casi una cuestión de urgencia entender el eterno atractivo que tiene, para explorar por qué, a pesar de sus muestras de flagrante racismo del pasado, nuestra sociedad moderna no ha dejado que este clásico de la era dorada se vaya con el viento.

Está basada en la novela homónima de Margaret Mitchell de 1936, una narración infame e inexacta desde el punto de vista histórico, pero muy romántica, de la guerra civil estadounidense desde la perspectiva de los confederados. La película es de David Selznick y es de 1939. Luego se estrenó ampliamente a precios de boletos reducidos en 1941. Es la historia de dos familias propietarias de plantaciones: los Wilkes en Twelve Oaks y los O'Hara en Tara. La trama se centra en la hija mimada de Gerald O'Hara

(Thomas Mitchell), Scarlett O'Hara (Vivien Leigh), un personaje tan grande que una guerra sangrienta es casi un mero detalle de fondo dentro de la historia arrolladora que es su vida. El corazón de este espíritu ardiente suspira por el hijo de John Wilkes (Howard Hickman), Ashley Wilkes (Leslie Howard), de voz suave, pero de corazón tímido. Pero, por desgracia, los Wilkes siempre se casan con sus primos, y así entra en escena la gentil y bondadosa Melanie Hamilton (Olivia de Havilland), la recién prometida de Ashley y la nueva némesis involuntaria de Scarlett. Una barbacoa en Twelve Oaks marca tanto un último intento desesperado de Scarlett de asegurar la mano de Ashley en matrimonio (que él rechaza para su humillación y para diversión del infame vagabundo Rhett Butler (Clark Gable) y el comienzo de la guerra civil, a la que todos los jóvenes entusiastas corren para inscribirse. En esta refutación punzante, Scarlett toma la resolución de lastimar a aquellos que ella cree que la han agraviado al contraer un matrimonio sin amor, comenzando así la saga de Scarlett en la guerra civil y el período de reconstrucción del viejo sur. Esta saga está marcada por la crueldad de Scarlett, sus conspiraciones e intrigas, y sus tres matrimonios. Pero al final, después de todo el dolor infligido, y el tormento y la ruina que ha causado a quienes la rodean, además pierde el amor que ella siempre ha anhelado.

A todo color

En lo visual, está perfectamente claro por qué *Lo que el viento se llevó* se considera un clásico. Si hoy es impresionante, debe haber brillado como un sol en todo su esplendor Technicolor en el mundo en blanco y negro del cine de la década de 1940. Su majestuosidad arrolladora cuestiona legítimamente el valor de producción de los éxitos de taquilla modernos.

Las estadísticas impresionantes de las que puede presumir la película son sus 50 partes habladas y un total de 2 400 extras, o una escena de soldados confederados heridos con 800 extras solos (junto con el uso de 800 maniquíes también). En la famosa secuencia del incendio de Atlanta Depot, las siete cámaras Technicolor de Hollywood se usaron para capturar las llamas de 152 metros de altura que devastaron el set de 161 874 metros cuadrados, controlado por cincuenta bomberos del estudio y rociado con 18 927 litros de agua. Más allá de las estadísticas, el enfoque de "no escatimar en gastos" para todos los elementos físicos de la producción cinematográfica conduce a un festín visual en el que cada detalle en pantalla alimenta la narración, transformándola de una película en su propia experiencia cinematográfica. Es posible que estos detalles visuales no escapen a la naturaleza paradójica característica del largometraje, pero ayudan a tomarnos de la mano para llevarnos a las alturas vertiginosas y las devastadoras bajas de la pasión ardiente y el drama en el corazón de esta historia.

No sería una tontería pensar que el color fue inventado por *Lo que el viento se llevó:* los exuberantes verdes de Tara antes de que la sombra de la guerra se proyecte sobre él, y el rojo sangre de la pérdida de la Confederación; la declaración de amor de Rhett Butler a Scarlett contra el cielo anaranjado quemado de Atlanta. Y, así como estamos deslumbrados por todo lo que Technicolor Spectrum tiene para ofrecernos, nos emociona el uso de la oscuridad y la sombra en esta película. Las escenas en las que nuestros personajes son solo sombras son las más viscerales, como la desesperación en el parto de Melanie. Es esta misma oscuridad la que se anuncia en la escena más cruda de la película, cuando Scarlett, hambrienta, se arrastra por la tierra en busca de comida y le da un mordisco a un rábano crudo, dejándonos una de las líneas de diálogo más famosas del cine que empieza con su "A Dios pongo por testigo...".

La idealización del Viejo Sur

Lo que el viento se llevó puede llegar a ser incómoda de ver hoy. A pesar de la dirección de arte, suprema, y el talento de los actores, los insultos raciales y las palabrotas nos impactan rápidamente. Las imágenes de niños pequeños esclavizados por las familias blancas de las plantaciones son angustiosas. En la mayoría de los casos, la controversia es muy obvia: los confederados son los buenos, mientras que la historia ha dejado en claro que el uso de la esclavitud por parte de los Estados Unidos fue repugnante desde el punto de vista moral. Seguramente, entonces, estamos a salvo de su idealización del Viejo Sur, con sus amos y esclavos. *Lo que el viento se llevó* es uno de los ejemplos más inteligentes e insidiosos de propaganda que ha aparecido en la pantalla grande, y Scarlett O'Hara está en el centro de todo.

En la segunda parte de la película, Scarlett comete verdaderas atrocidades: roba parejas románticas a sus hermanas, explota vergonzosamente la riqueza de los demás, utiliza brutales trabajos penitenciarios, especula en una época de pobreza... ¿Cuál es el motivo? ¿Es a través de su despecho romántico mientras continúa su relación emocional con Ashley Wilkes? No, se da cuenta de que él no importa en el gran esquema de las cosas, a pesar de que su añoranza destruye todas sus otras relaciones significativas. Al final todo queda claro: todo lo terrible que hizo Scarlett fue por Tara. Por lo tanto, la horrible comprensión de que la culpa de la maldad y la tragedia de Scarlett recae directamente en la victoria de los yanquis: si la Confederación se hubiera quedado sola en su forma de vida de amo y esclavo, ¿cuánto derramamiento de sangre y miseria se habría ahorrado? Entre el melodrama, el romance y la pasión, este terrible y abominable mensaje se cuela en tu mente casi sin ser detectado. A decir verdad, es imperdonablemente manipulador.

Vivien Leigh • Actriz

Nacida en India en 1913, saltó a la fama internacional gracias a *Lo que el viento se llevó,* lo que la convirtió en la primera británica ganadora de un óscar a la mejor actriz. Dotada para el escenario y para la gran pantalla, obtuvo su segundo óscar por su papel de Blanche DuBois en *Un tranvía llamado deseo.* Tuvo una tormentosa vida personal, además de una frágil salud física y mental. Murió por tuberculosis en 1967 a los 53 años.

Películas destacadas

- *Lo que el viento se llevó* (1939)
- *Un tranvía llamado deseo* (1951)

Filmografía adicional

- *Mujercitas* (1933)
- *Cold Mountain* (2003)
- *Doce años de esclavitud* (2013)

El gran dictador

(1940)

"¡Soldados, no luchéis por la esclavitud, luchad por la libertad!"

• • • •

Ficha técnica

Duración	128 minutos
País	Estados Unidos
Dirección	Charles Chaplin
Guion	Charles Chaplin
Música	Charles Chaplin, Meredith Wilson
Fotografía	Roland Totheroh, Karl Struss (B&W)
Reparto	Charles Chaplin, Paulette Goddard, Jack Oakie, Reginald Gardiner, Henry Daniell, Carter De Haven, Grace Hayle, Maurice Moscovitch, Billy Gilbert
Productora	United Artists
Género	Comedia, sátira

En 1938, la estrella de cine más famosa del mundo comenzó a preparar una película sobre el monstruo del siglo xx. Charlie Chaplin se parecía un poco a Adolf Hitler, en parte porque este había elegido el mismo bigote que el pequeño vagabundo. Aprovechando ese parecido, Chaplin ideó una sátira en la que el dictador y un barbero judío del gueto serían confundidos entre sí. El resultado, estrenado en 1940, fue *El gran dictador,* el primer largometraje sonoro del inglés y el más taquillero de su carrera, aunque le causaría grandes dificultades e indirectamente le conduciría a su largo exilio de Estados Unidos.

En 1938, Hitler aún no era reconocido en todos los ámbitos como la encarnación del mal. Poderosas fuerzas aislacionistas en Estados Unidos predicaron una política de no intervención en los problemas de Europa, y los rumores sobre la política de Hitler para exterminar a los judíos fueron bienvenidos por los grupos antisemitas. Algunos de los primeros oponentes a Hitler, incluidos los voluntarios estadounidenses antifranquistas en la Guerra Civil española, fueron vistos más tarde como "antifascistas prematuros". Al luchar contra el fascismo cuando todavía se consideraba a Hitler como un aliado, levantaron sospechas de que podrían ser comunistas. *El gran dictador* termina con un largo discurso en el que se denuncian las dictaduras y se ensalza la democracia y las libertades individuales. Sin embargo, si Chaplin no hubiera sido *prematuro,* es poco probable que hubiera hecho la película. Una vez que se empezaron a conocer los horrores del Holocausto, ¿Hitler dejó de ser gracioso? En absoluto.

Los hermanos Marx, a la vanguardia, hicieron *Sopa de ganso* en 1933, con Groucho interpretando al dictador Rufus T. Firefly, en una comedia que tenía un trasfondo siniestro sobre lo que ya estaba ocurriendo en Europa. Y aún en 1942, el exiliado alemán Ernst Lubitsch hizo *Ser o no ser,* con Jack Benny como un actor que se ve envuelto en la ocupación nazi de Polonia.

La película de Chaplin, dirigida obviamente y con desdén al mismo Hitler, solo podría haber sido divertida, dice en su autobiografía, si aún no hubiera conocido el alcance total de la maldad nazi. Tal como estaban las cosas, la burla de Hitler de la película consiguió que fuera prohibida en España, Italia y la neutral Irlanda. Pero en Estados Unidos y en otros lugares tuvo un impacto que, hoy, puede ser difícil de imaginar. Nunca hubo un personaje ficticio tan universalmente amado como el pequeño vagabundo. Aunque Chaplin técnicamente no estaba interpretando al vagabundo en *El gran dictador,* se parecía a él, esta vez no en una fábula cómica sino en una sátira política.

La trama es uno de esos brebajes que hace que la acción sea apenas posible. El héroe, un soldado barbero en la Primera Guerra Mundial, salva la vida de un piloto alemán llamado Schultz y lo lleva a un lugar seguro, todo el tiempo sin ni siquiera saber que él era el enemigo. Su aterrizaje forzoso le da amnesia al barbero y durante veinte años no sabe quién es. Luego se recupera y regresa a su barbería en el país de Tomania, solo para descubrir que el dictador Hynkel ha llegado al poder, no bajo la esvástica, sino bajo la Doble Cruz. Sus soldados de asalto se están moviendo a través del gueto, rompiendo ventanas y acorralando judíos. Pero la peluquería se salva gracias a la intervención de Schultz, ahora viceministro, que lo reconoce.

El barbero (nunca nombrado, al igual que el vagabundo) está enamorado de la criada Hannah (Paulette Goddard, la esposa separada de Chaplin en ese momento) y se hace amigo de sus antiguos vecinos. Pero él y el desleal Schultz finalmente son puestos en un campo de concentración. Luego Hynkel tiene un percance en un bote, lo confunden con el barbero y lo encierran en el campo, justo cuando el barbero y Schultz escapan con el uniforme de Hynkel. Ahora todos asumen que el barbero es el dictador.

En la tradición clásica de Chaplin, la película tiene una gran cantidad de *gags* y pantomimas cómicas, incluido el famoso *ballet* de Hynkel con un globo terráqueo inflado, convirtiéndolo en su juguete. Hay una secuencia en la que cinco hombres muerden budines después de que se les diga que el que encuentre una moneda debe dar su vida para asesinar a Hynkel. Ninguno de ellos quiere encontrar la moneda. Y hay un episodio largo y divertido cuando el dictador de la vecina Bacteria, Benzini Napaloni (Jack Oakie), hace una visita de Estado. Napaloni, obviamente inspirado en Mussolini, elude un intento de hacer que se siente en una silla baja para que el pequeño Hynkel pueda cernirse sobre él. Cuando los dos se sientan en sillas de barbero adyacentes, se turnan para levantar sus sillas más alto que el otro. También hay mucha confusión acerca de los saludos y Chaplin intercala tomas de los dos dictadores con noticiarios de enormes multitudes que vitorean. En 1940, esto habría resultado muy cargado, porque Chaplin estaba lanzando su personaje cómico contra Hitler, en un intento, en gran medida exitoso, de ridiculizarlo como un payaso. El público reaccionó fuertemente al humor de la película. Ganó cinco nominaciones al óscar, por película, actor, actor de reparto (Oakie), guion y música (Meredith Willson). Pero el público en ese momento, y desde entonces, ha sentido que la película llega a un callejón sin salida cuando el barbero, haciéndose pasar por Hynkel, ofrece un monólogo de más de tres minutos que representa las propias opiniones de Chaplin.

Increíblemente, nadie intenta detener al falso Hynkel. Chaplin habla directo a la cámara, con su propia voz, sin toques cómicos y en solo tres cortes, como se presume que el barbero se escucha en la radio de todo el mundo. Lo que dice es bastante cierto, pero desinfla la comedia. Termina la imagen como una conferencia, seguida de una toma de Goddard recortada contra el cielo, enfrentando con alegría el futuro libre de Hynkel, mientras la música crece. No funcionó entonces y no funciona ahora. Es fatal cuando Chaplin abandona su personaje cómico, cambia abruptamente el tono de la película y nos deja preguntándonos cuánto tiempo va a hablar (una pregunta que nunca debería surgir durante una comedia). La película se reproduce como una comedia seguida de un editorial.

Chaplin, sin embargo, estaba decidido a mantener el discurso (podría haber sido su razón para hacer la película). Puso al pequeño vagabundo y 1,5 millones de dólares de su propio dinero en juego para ridiculizar a Hitler (y jugó un papel decisivo en la dirección de más millones a los centros de refugiados judíos). Hizo su declaración, encontró una gran audiencia y, en los tramos previos al discurso final, mostró su genio cómico innato. Es una película divertida, lo que esperábamos de Chaplin, y valiente. Nunca volvió a interpretar a un hombrecito con bigote.

El exilio de Chaplin

A finales de la década de los 40, lo que estaba en la mente de todos era la Guerra Fría y el Terror Rojo en casa. La mayor forma en que esto se materializó en Hollywood fue en la Lista Negra, la lista de personas a las que se les prohibió trabajar en la industria del entretenimiento, bajo sospecha de simpatías comunistas. La forma más extrema que tomó fue el juicio de 1948 de los Diez de Hollywood, que terminó con el encarcelamiento de diez directores, guionistas y productores por negarse a cooperar con el Comité de Actividades Antiamericanas de la Cámara. Chaplin no había sido inmune a la investigación antes de su expulsión del país. En 1948, su nombre se agregó al índice de seguridad del FBI y quedó inscrito oficialmente en la lista negra de Hollywood después de su propia falta de cooperación con una investigación del Congreso. De acuerdo con el FBI, Charles era considerado como una persona que atentaba contra la moral y las buenas costumbres norteamericanas. Dado a sus ideas progresistas que se reflejaban en sus películas, se ganó la antipatía de varios sectores del país, que lo veían como un comunista e incluso aseguraban que tuviese nexos con la Unión Soviética.

Paulette Goddard

Nació en Long Island en 1910. Siendo adolescente comenzó como modelo publicitaria. A lo dieciséis años fue fotografiada desnuda por Alfred Cheney, algo inusual en la época. A esta edad también contrajo matrimonio con el millonario Edgar James y se trasladó con él a Hollywood, donde empezó su carrera como actriz. En 1936, cuando rodó junto a Charles Chaplin *Tiempos modernos,* se convirtieron en amantes y se casaron en secreto. Durante la década de los 40, Paulette alcanzó gran popularidad en la pantalla y fue nominada a un óscar como mejor actriz de reparto por su papel en *La legión blanca.* También en esa época se divorció de Charles Chaplin, de una forma amistosa. Murió en 1990 en Suiza.

Películas principales

Tiempos modernos (1936)
El gran dictador (1940)
La legión blanca (1943)

Filmografía adicional

Sopa de ganso (1934)
Con faldas y a lo loco (1963)
La vida de Brian (1980)
Ser o no ser (1999)

Rebecca

(1940)

"Anoche soñe que volvía a Manderley"

• • • •

Ficha técnica

Duración	130 minutos
País	Estados Unidos
Dirección	Alfred Hitchcock
Guion	Robert E. Sherwood, Joan Harrison. Novela: Daphne du Maurier
Música	Franz Waxman
Fotografía	George Barnes (B&W)
Reparto	Laurence Olivier, Joan Fontaine, George Sanders, Judith Anderson, Nigel Bruce, Reginald Denny, C. Aubrey Smith, Gladys Cooper
Productora	Selznick International Pictures
Género	Drama, intriga

Adaptada de la novela del mismo nombre de Daphne du Marier de 1938, *Rebecca* es un psicodrama agotador sobre una protagonista femenina sin nombre (Joan Fontaine) que, después de casarse con el aristócrata Maxim de Winter (Laurence Olivier), se muda a su amado hogar, Manderley. Allí, debe intentar llenar los zapatos de su exesposa, la fallecida Rebecca, quien presta su nombre al título tanto del libro como de la película.

Estrenada en 1940, recibió grandes elogios y ganó los premios de la Academia de 1941 a la mejor película y a la mejor fotografía. Ahora, después de ochenta y dos años de su estreno, *Rebecca* sigue representando una clase magistral en la creación de un drama emocionante desde el punto de vista psicológico.

La trama está apenas velada como un romance, ya que rápidamente se establece que no hay lugar para el amor dentro de los muros de Manderley. Aunque la historia gira en torno a una gran cantidad de relaciones diferentes y la dinámica de poder en constante cambio dentro de ellas. Cuando conocemos a Maxim por primera vez, él es extremadamente condescendiente con su nueva novia, a quien nunca se nombra (solo se la conoce como "la señora de Winter" después de su matrimonio). En la cena, él le dice que coma como una buena niña y le informa sobre sus planes, en lugar de preguntarle qué le gustaría hacer. Su relación está en el centro de la película, pero no es la única dinámica explorada. Lo más intrigante es el poder que Rebecca, aunque fallecida, todavía tiene sobre el ama de llaves, la señora Danvers (Judith Anderson) y su esposo

Maxim. Su fuerte agarre sobre ambos hace que se sienta como si todavía estuviera viva, persiguiendo a la señora de Winter incluso por intentar tomar su lugar.

La película es una clase magistral de cine en cuanto a la creación de una atmósfera profundamente opresiva en un entorno gótico. El uso de las sombras por parte del director de fotografía, George Barnes, es evocador, lo que hace que parezca que hay algo a la vuelta de cada esquina. Aunque Manderley es una casa de proporciones épicas, estas sombras hacen que los movimientos de la señora de Winter se sientan extremadamente restringidos. El miedo que crea la casa la hace aparecer como un personaje dentro de sí misma, enjaulando a la señora de Winter entre sus paredes. Esta sensación de asfixia se ve favorecida por la tentadora partitura de Franz Waxman y Lou Forbes, que le da el elemento de suspenso característico de Hitchcock. Juntas, estas inclusiones han creado una atmósfera angustiosa que ha inspirado muchas características góticas modernas con las que estamos familiarizados hoy.

Rebecca también sobresale por su brillante elenco de actores, que reaccionan de manera excelente a Manderley. Como Maxim de Winter, Laurence Olivier interpreta a un hombre profundamente atribulado que, incluso cuando está físicamente presente (lo cual es una rareza), es incapaz de entregarse por completo a su nueva esposa. La señora Danvers, interpretada por Judith Anderson, se ha convertido desde entonces en una villana icónica del gótico por su lealtad inquebrantable hacia Rebecca y su amarga frialdad hacia la señora de Winter. Aunque es Joan Fontaine quien interpreta a la señora de Winter, quien debe llevar la imagen, ya que es la plebeya identificable que fue arrancada de su trabajo como asistente y colocada en la aristocracia. Afortunadamente, Fontaine domina el papel. El espectador puede ver cómo la niña inocente y sin nombre se convierte en una mujer de agencia.

La única desviación significativa de la novela era inevitable: Du Maurier convirtió a Max de Winter en un asesino, pues mató a Rebecca enfurecido por sus asuntos. El Código de Producción de Hollywood, sin embargo, no podía permitir que un homicida escapara sin castigo, por lo que se tuvo que diseñar una muerte accidental. Pudo haber sido torpe, pero debido a que esa trama se agrega al final, no interfiere con el poderoso pilar central de la película: las relaciones desesperadas, sofocantes y codependientes del señor y la señora de Winter, la señora Danvers y Rebecca.

A pesar de que la película depende del diálogo, Hitchcock también agrega esos toques visuales inimitables: Max mirando por encima de los acantilados hacia el Mediterráneo; el mar arremolinándose enfermizamente debajo de él, mostrándonos su deseo de muerte; su hermana explicando a la segunda señora de Winter cuánto amaba la señora Danvers a Rebecca, y la pantalla se vuelve negra detrás del rostro de Fontaine, una representación sorprendente del golpe en el estómago que sientes cuando escuchas algo que has temido. Y, por supuesto, ese momento crítico y paralizante: cuando Fontaine desciende la gran escalera hacia el baile de máscaras de Manderley, después de haber sido engañado por la señora Danvers para que use una réplica de uno de los viejos vestidos de Rebecca.

La razón por la que Rebecca todavía se aferra radica en el hecho de que todos podemos vernos en el papel de Fontaine: todos los que se sumergen en un entorno nuevo y desconocido han sentido su incertidumbre y miedo de ser la persona equivocada, en el lugar equivocado. Todos hemos tenido relaciones en las que no podemos estar seguros de dónde está el suelo, en las que la dinámica del poder nos deja aislados y aferrados desesperadamente a cualquier punto fijo que podamos encontrar.

"Nuestro matrimonio es un éxito, ¿no? ¿Un gran éxito? Somos felices, ¿no? ¿Terriblemente felices?", Fontaine le pregunta a Olivier a mitad de la película. Él se vuelve y se aleja de ella. Ella continúa, la nota de esperanza desesperada ha desaparecido de su voz: "Si no crees que somos felices, sería mucho mejor si no fingieras". Ahora ella casi susurra: "Me iré. ¿Por qué no me respondes?". Allí, en esos pocos segundos de discurso, está la persona más humana y desgarradoramente vulnerable que jamás haya aparecido en una película de Hitchcock.

Al recordar a Rebecca y su oscura historia llena de giros y vueltas, su emparejamiento de elementos profundamente opresivos y sus actuaciones memorables en todos los ámbitos, no es difícil creer que no solo es una de las películas más memorables de Hitchcock, sino una de las películas más memorables de Hollywood.

Alfred Hitchcock • Director

Nació en Londres en 1899 y empezó en el cine como decorador. Su primera película como director fue la incompleta *Number 13*. En 1925 rodó *El jardín de la alegría*. Tras su éxito en 1938 por *Alarma en el expreso,* se trasladó a Hollywood, donde se le encomendó la dirección de *Rebecca*. Hitchcock dirigió además los clásicos que conocemos hoy en día: *La ventana indiscreta* (1954), *Con la muerte en los talones* (1959), *Psicosis* (1960) y *Pájaros* (1963). Murió en 1980.

Películas principales

Chantaje (1929)
Rebecca (1940)
Recuerda (1945)
La ventana indiscreta (1954)
Vértigo (1958)
Marnie la ladrona (1964)

Filmografía adicional

Laura (1944)
La jetée (1962)
La mala educación (2004)

Fantasía

(1940)

Ficha técnica

Duración	120 minutos
País	Estados Unidos
Dirección	James Algar, Samuel Armstrong, Ford Beebe Jr., Norman Ferguson, Jim Handley, T. Hee, Wilfred Jackson, Hamilton Luske, Bill Roberts, Paul Stterfield, Ben Sharpsteen
Guion	Joe Grant, Dick Huemer
Música	Johann Sebastian Bach, Ludwig van Beethoven, Igor Stravinsky, Pyotr Ilyich Tchaikovsky, Paul Dukas, Franz Schubert, Modest Mussorgsky
Fotografía	Animación, James Wong Howe
Reparto	Animación, Leoplod Stokoswki, Deems Taylor.
Productora	Walt Disney Productions. Distribuidora: RKO Radio Pictures
Género	Animación, musical, fantástico, infantil

Los dibujos animados tenían trazos bastos antes de que se hiciera *Fantasía* en 1940 y muchas de ellas se movieron al ritmo de la música *anticuada*. Walt Disney no inventó la animación, pero la nutrió hasta convertirla en una forma de arte que podía resistir cualquier película *realista*. Cuando reunió a sus artistas para crear *Fantasía,* sintió una inquietud, un deseo de probar algo nuevo.

La idea básica de la película ya se había decidido: tomar algunas de las composiciones más conocidas de la música clásica e ilustrarlas con dibujos animados. Dicho parece simple. Algunos de los pasajes de la película estarían en formas que eran familiares para los artistas de Disney. Las aventuras de Mickey Mouse en la sección, "El aprendiz de brujo", por ejemplo, lo colocaron en un universo visual familiar para cualquiera que haya visto a Mickey en una caricatura. Pero, para otras secciones de la película, Disney quería probar algunos enfoques nuevos. En su libro definitivo de 1981 *Disney Animation,* los artistas del estudio Frank Thomas y Ollie Johnston recuerdan la forma en que Walt insistió en algo nuevo en la secuencia en la que un hada vuela por el bosque esparciendo polvo de hadas por todas partes. Disney entró en una reunión, recuerdan, y vio un dibujo en colores pastel de un hada. Le gustaba, especialmente su cualidad suave y luminiscente. Eso es lo que quería en su película.

Si algo deja claro es que hay mucho más en la animación que simplemente dibujar pequeños animales y personajes de dibujos animados y hacer que salten. Los artistas experimentaron durante semanas con la secuencia de hadas y, finalmente, utilizaron todo un arsenal de técnicas para obtener los efectos deseados: no solo dibujo sencillo y animación tradicional, sino también pinturas mate en primer plano y fondo, geles, trucos, pinturas multicapa y otros efectos especiales. La magia sin esfuerzo de la secuencia difícilmente sugiere el trabajo minucioso que se llevó a cabo.

Quizá las partes más encantadoras de *Fantasía* son las secuencias iniciales de la orquesta ocupando su lugar, con los músicos recortados contra un fondo claro sobre el que proyectan sombras gigantes. La luz no se refleja en las caras de los músicos, sino en los instrumentos. Aquí hay una pista emocionante de lo que Disney podría hacer con las figuras humanas. En otros lugares, se entretiene demasiado con la espalda de Stokowski y con luces de colores.

El terror dentro de la fantasía

Una de las historias que nos cuenta Walt a través de esta película es la historia de "Una noche en el Monte Pelado", basada en el poema sinfónico del mismo nombre. El segmento tiene lugar una noche en un pueblo rural sin nombre rodeado de montañas. El pico más alto es en realidad el enorme cuerpo de Chernabog, un demonio de alas negras aterradoramente grande que usa sus poderes malignos para convocar a todos los espíritus muertos, brujas y otros demonios menores, para que lo atiendan y actúen para su placer. Después de causar estragos durante toda la noche, Chernabog se dirige hacia el pueblo en sí. Solo es detenido por las campanas de la iglesia distantes, que repican maitines, lo que indica la llegada del amanecer y el fin de su poder por la noche. Chernabog se considera con razón una obra maestra de la animación de Disney. Es un ejemplo perfecto del trabajo intensivo que se llevó a cabo en la animación de Disney de la edad de oro. Desde el primer minuto, cuando abre sus alas, puedes sentir el peso detrás del movimiento, aunque no es más que un dibujo.

Ahora, pasemos a los elementos perturbadores de esta pieza (y son muchos). En primer lugar, como dije antes, se considera una de las animaciones más oscuras (si no la más) que Disney haya producido, porque nunca se había representado una maldad tan cruda. De hecho, en las primeras etapas se pretendía que Chernabog fuera el mismo Satanás (y se lo denominaba así), pero una declaración religiosa tan flagrante se consideró imprudente (esa es mi suposición de todos modos). A pesar de que tiene un nombre diferente, no es difícil ver a Chernabog como el Diablo (tiene cuernos, alas, grandes ojos brillantes...; si fuera rojo en lugar de negro, sería una imagen perfecta de las imágenes tradicionales de Satanás).

Además de ser pura maldad, lo que también hace que Chernabog sea inquietante es su gran tamaño: ¡es tan grande que sus alas se ven literalmente como la cima de una montaña! Los humanos de tamaño completo (supongo) podrían pararse en su palma, con mucho espacio de sobra. El demonio crea bailarines de fuego que danzan en sus palmas antes de ser cruelmente retorcidos en animales de corral y finalmente transformados en demonios azules que bailan frenéticamente para complacer a su amo. Otros elementos perturbadores incluyen los diversos demonios y esqueletos que vuelan por el aire cuando son convocados. Hay esqueletos montados en caballos esqueléticos (una referencia a la danza macabra), demonios con ojos brillantes, brujas en escobas y otras figuras extrañas. En los caóticos minutos finales de la pieza, el factor perturbador aumenta: surgen arpías volando directamente hacia la pantalla, calaveras y máscaras extrañas, todo moviéndose en un desenfoque frenético.

Racismo en *Fantasía*

En la versión original, el segmento ambientado en la *Sinfonía pastoral* de Beethoven presentaba a un personaje llamado Sunflower, una caricatura racista de una niña afroamericana que limpia los zapatos de una de las centauretas blancas acicaladas. Cuando la película se volvió a estrenar en cines a fines de la década de 1960, estas escenas se eliminaron. Sin embargo, en el lanzamiento del vídeo de 1991 se utilizó un enfoque diferente: John Carnochan, responsable de editar la película y preservarla con la mayor delicadeza posible, volvió a encuadrar las tomas originales para que mostraran primeros planos de las centauretas en lugar de las representaciones ofensivas. Reconociendo este aspecto que preocupaba de la película original, Carnochan dijo: "Es un poco terrible para mí que estos estereotipos hayan sido puestos alguna vez".

Todas las versiones de *Fantasía* son ahora la edición reformulada de John Carnochan, pero las escenas controvertidas aún se pueden encontrar en Internet. Si bien es indudable que son ofensivos, es importante reconocer que estos segmentos existen para que, como ha dicho el propio Disney, se pueda aprender de ellos.

Filmografía adicional

- *El viaje de Chihiro* (2001)
- *El laberinto del fauno* (2006)
- *Los mundos de Coraline* (2009)
- *La canción del mar* (2014)

Ciudadano Kane

(1941)

"Rosebud"

•   •   •   •

Ficha técnica

Duración	119 minutos
País	Estados Unidos
Dirección	Orson Welles
Guion	Herman J. Mankiewicz, Orson Welles
Música	Bernard Herrmann
Fotografía	Gregg Toland (B&W)
Reparto	Orson Welles, Joseph Cottern, Everett Sloane, George Coulouris, Dorothy Comingore, Ray Collins, Agnes Moorehead, Paul Stewart, Ruth Warrick, Erskine Sanford, William Alland, Alan Ladd, Arthur O'Connell, Fortunio Bonanova
Productora	RKO, Mercury Theatre Productions
Género	Drama

Una de las pocas joyas del cine mundial, *Citizen Kane* de Orson Welles, ha establecido un punto de referencia de calidad al que todas las películas deberían aspirar. Desde los decanos de Hollywood, como Martin Scorsese, Quentin Tarantino, Wes Anderson, Steven Spielberg, hasta el cineasta francés contemporáneo Michel Hazanavicius de *The Artist* (2011), todos han rendido homenaje visual a este clásico atemporal. Pero ¿cuál es la razón de su inmortalidad, a pesar de lograr solo un moderado éxito de taquilla?

El primero es la narrativa, no lineal, de la película. El estilo fue innovador para su época. En segundo lugar, la magistral cinematografía de Greg Toland fue pionera en una técnica de narración visual que marca tendencia. Welles y Toland trabajaron en armonía para mantener un estilo y un patrón consistentes que hicieran justicia al período y la escala de la que trata la narración. El diseño visual general de la película se compuso, se planeó y se filmó en su totalidad en el estudio RKO.

Vale la pena mencionar que, a finales de 1930, la creciente aceptación de la fotografía Technicolor inspiró el desarrollo de una gran selección de nuevas técnicas de iluminación, que se aplicaron a la fotografía en blanco y negro de *Citizen Kane*. Toland logró crear un ambiente visual distintivo y elegante que estaba en perfecta sintonía con el estado de ánimo de la historia. Welles y Toland habían utilizado las herramientas cinematográficas del cine para lograr significado con estilo. Como dijo Scorsese en una entrevista, Welles no tenía miedo de ser cohibido con la cámara y hacer comentarios autorreferenciales con el equipo.

Orson nos cuenta la historia del magnate de los periódicos multimillonario Charles Foster Kane, que muere solo en su extravagante mansión, Xanadú, pronunciando una sola palabra: "Rosebud". En un intento por averiguar su significado, un reportero rastrea a las personas que trabajaron y vivieron con Kane, los cuales cuentan sus historias en una serie de *flashbacks* que revelan mucho sobre la vida de Kane, pero no lo suficiente como para desentrañar el acertijo de su último aliento.

Tras esto, profundicemos en los diversos planes visuales de la película, para comprender cómo la cinematografía mejoró la narración de la película.

Encuadre de los personajes

Al componer una toma, el primer paso esencial para un camarógrafo es encuadrar a sus sujetos. Toland, después de años de experiencia trabajando en Hollywood, entendió la importancia de enmarcar como un profesional. Las tomas meticulosamente compuestas de esta película son un claro ejemplo de su perspicacia creativa. El encuadre juega un papel importante en la intensificación del estado de ánimo, lo que da profundidad psicológica a los personajes.

Cualquier discusión sobre la cinematografía de *Citizen Kane* debe comenzar por cómo Toland utilizó el enfoque profundo dentro del marco narrativo. Considere la escena en la que Charles Foster Kane (Orson Welles), ofendido por la reseña de su amigo y colega Leland (Joseph Cotten) sobre el debut en la ópera de Susan, lo despide del trabajo, pero termina su reseña y la publica. La gran profundidad de la composición de campo resalta la extensión y la lejanía en su relación profesional.

Después de perder las elecciones, Kane comienza un nuevo capítulo en su vida. La composición de ángulo bajo da la impresión de que es un hombre dominado por su ego. Los objetos esparcidos por el suelo y las pancartas que cuelgan del techo acentúan cómo sus animosas decisiones han caído en picado. Además, les da a los espectadores una idea de su actual posición vulnerable.

Por otro lado, se han utilizado tomas de ángulo alto para dar una sensación de superioridad a los logros de Kane. Cuando hace campaña para las elecciones en el Madison Square Garden, encuadrarlo en un ángulo alto captura la confianza y la convicción de su ambición política.

En otra escena, se informa al espectador de que la primera esposa de Kane, Emily (Ruth Warrick), y Getty (Ray Collins), su oponente político, han descubierto su relación extramatrimonial. Getty amenaza con exponer la aventura clandestina de Kane con Susan (Dorothy Comingore) en todos los periódicos, pero Kane se mantiene firme y está convencido de que, incluso si se publicara la historia sobre él y Susan, aún sería elegido gobernador. El encuadre de Getty, Susan, Emily y Kane muestra cómo la elección hecha por cada uno de estos personajes afectará a su estatus social y a su aceptación.

Uso de la luz para subtexto

El uso preciso de la iluminación en *Citizen Kane* agregó una dimensión vital a la narrativa. En este contexto, el uso de la retroiluminación fue un enfoque audaz. ¿Cuántas veces empatizamos con un personaje cuyo rostro no nos es visible? Pero Welles había decidido capturar a Jerry Thompson (William Alland) empañado en la sombra de la silueta. La razón creativa que hay detrás de la decisión fue que a Jerry como reportero se le asignó la tarea de averiguar el significado de Rosebud. A lo largo de la película, Rosebud se trata como un *macguffin* y, por lo tanto, el patrón de iluminación agrega una capa de misterio a la escena. También le da a la escena un mayor sentido de contraste dramático.

Toland también usa el estilo de iluminación para mostrar diferentes etapas de la vida de Kane. En la escena donde este está en la redacción de Nueva York, vemos que hay una fuerte luz blanca proyectada sobre él: ahora toma decisiones. Está bañado en luz dura para asegurarse de que la audiencia se centre en el protagonista y su estado.

El uso dramático del movimiento de la cámara

Los movimientos de cámara en la película abren un espacio cinematográfico y ayudan a transmitir relaciones espaciales, causales y psicológicas dentro del marco. La película allanó el camino para hacer del movimiento de cámara un elemento básico necesario en el cine de Hollywood.

La presencia de la cámara comenzó a hacerse visible y dejó de ser una entidad oculta del encuadre convencional. Los espectadores se dieron cuenta de la cámara. Greg Toland utilizó varios movimientos para crear un tapiz visual rico en ideas, conflictos y momentos.

La película comienza con una toma de grúa suave y elegante que lleva a los espectadores a la fortaleza de Kane, Xanadú. A medida que la cámara se desplaza, observamos una puerta de entrada de proporciones gigantescas. El movimiento ascendente de la cámara enfatiza el increíble dominio de Charles Foster Kane. Simbólicamente nos permite participar en el mundo aventurero del protagonista. Al final de la película, se nos ha proporcionado toda la información necesaria sobre el viaje episódico de Kane. En este caso, el plano de la grúa marca con broche de oro el clímax de la película. Aporta circularidad a la historia del ascenso y la caída de un personaje icónico del cine mundial.

Rosebud

Hay muchas teorías sobre lo que realmente significaba Rosebud, la última palabra pronunciada por Charles Foster Kane. Gore Vidal afirmó que era el apodo que Hearst le dio al clítoris de su amante, la actriz Marion Davies[1].

---

[1] Vidal reflexionó en *The New Yorker* sobre el asunto. Según él, nombre provenía de una secuencia escrita por Mankiewicz, un amigo de Davies. Podría ser que Welles desconociera el verdadero significado.

Welles argumentó que era simplemente un nombre, olvidado hace mucho tiempo por la mente consciente, que significa un momento decisivo en la vida de Kane. Él dijo: "Mi personaje nunca había hecho lo que se conoce como transferencia de su madre, de ahí su fracaso con sus esposas. Al dejar esto claro durante el transcurso de la película, fue mi intento de acercar los pensamientos de mi audiencia". Y más cerca de la solución del enigma de sus últimas palabras: "Rosebud es el nombre comercial de un trineo barato en el que jugaba Kane el día que se lo llevaron de su casa y de su madre. En su subconsciente representaba la sencillez, la comodidad, sobre todo la falta de responsabilidad en su hogar. También representaba el amor de su madre, que Kane nunca perdió".

Orson Welles

Su vida y la de Charles Foster Kane se asemejan en el hecho de que Welles fue acogido por un amigo de la familia tras perder a sus padres, a los 15 años. En 1934 comenzó a trabajar en el teatro radiofónico y en 1937 fundó el Mercury Theatre. Alcanzó la notoriedad en 1938 cuando la compañía interpretó en la radio *La guerra de los mundos* como si fuera un informativo en directo. Welles fue contratado por los estudios RKO de Hollywood con privilegios insólitos para un director novel, incluido el montaje definitivo de *Ciudadano Kane*. Murió en 1985.

Películas principales

Ciudadano Kane (1941)
El cuarto mandamiento (1942)
La dama de Shanghái (1947)
Sed de mal (1958)
El proceso (1962)

Filmografía adicional

El tercer hombre (1949)
Me and Orson Welles (2008)

Casablanca

(1942)

"De todos los cafés locales del mundo, ella aparece en el mío"

• • • •

Ficha técnica

Duración	102 minutos
País	Estados Unidos
Dirección	Michael Curtiz
Guion	Julius J. Epstein, Philip G. Epstein, Howard Koch. Obra: Murray Burnett, Joan Alison
Música	Max Steiner
Fotografía	Arthur Edeson (B&W)
Reparto	Humphrey Bogart, Ingrid Bergman, Paul Henreid, Claude Rains, Conrad Veidt, Sydney Greenstreet, Peter Lorre, S. Z. Sakall, Madeleine LeBeau, Dooley Wilson, Joy Page, John Qualen, Lionid Kinskey
Productora	Warner Bros. Productor: Hal B. Wallis
Género	Drama, romance

Si nos identificamos mucho con los personajes de algunas películas, entonces no es ningún misterio que *Casablanca* sea una de las más populares jamás realizadas. Se trata de un hombre y una mujer que están enamorados y que sacrifican el amor por un propósito superior. Esto es inmensamente atractivo: el espectador no solo es capaz de imaginarse conquistando el amor de Humphrey Bogart o Ingrid Bergman, sino renunciando a él desinteresadamente como contribución a la gran causa de derrotar a los nazis.

Nadie de los que hizo *Casablanca* pensó que estaba haciendo una gran película. Era simplemente otro lanzamiento de Warner Bros. Era una película de *A list* (que se refiere a hacer una película con grandes estrellas del momento). Sin duda Bogart, Bergman y Paul Henreid eran estrellas, y no se podría haber reunido un mejor elenco de actores secundarios en el lote de Warner que Peter Lorre, Sidney Greenstreet, Claude Rains y Dooley Wilson. Pero se hizo con un presupuesto ajustado y se lanzó con pocas expectativas. Todos los involucrados en la película habían estado, y estarían, en docenas de otras películas realizadas en circunstancias similares. La grandeza de *Casablanca* fue en gran parte el resultado de una feliz casualidad.

Rick Blaine es un cínico expatriado cansado del mundo que dirige un club nocturno en Casablanca, Marruecos, durante las primeras etapas de la Segunda Guerra Mundial. A pesar de la presión que recibe constantemente de las autoridades locales, El Café de Rick se ha convertido en una especie de resguardo para los refugiados que buscan obtener cartas ilícitas que les ayuden a escapar a Estados Unidos. Pero, cuando Ilsa, una examante de Rick, y su esposo se presentan un día en el local, Rick se enfrenta a un duro desafío que traerá complicaciones imprevistas, angustia y, en última instancia, una decisión insoportable que tomar.

El guion fue adaptado de una obra de teatro de poca importancia; las memorias hablan de fragmentos de diálogos anotados y enviados rápidamente al plató. Lo que debe haber ayudado es que los personajes estaban firmemente establecidos en la mente de los escritores, y eran tan cercanos a los personajes de la pantalla de los actores que resultaba difícil escribir diálogos en el tono equivocado.

Humphrey Bogart interpretó fuertes protagonistas heroicos en su carrera, pero por lo general fue mejor como el héroe decepcionado, herido y resentido. Recuérdalo en *Sierra alta,* convencido de que los demás conspiraban para robarle su oro. En *Casablanca* interpreta a Rick Blaine, el estadounidense bebedor que dirige un club nocturno en Casablanca, cuando Marruecos era una encrucijada de espías, traidores, nazis y la Resistencia francesa.

Las escenas iniciales bailan con comedia; el diálogo combina lo cínico con lo hastiado; chistes con epigramas. Vemos que Rick se mueve con facilidad por un mundo corrupto. "¿Cual es tu nacionalidad?", le pregunta el alemán Strasser. Él responde: "Soy un borracho". Su código personal: "Me juego el cuello por nadie". Luego die: "De todos los locales de *gin* en todas las ciudades del mundo, ella entra en el mío". Es Ilsa Lund (Bergman), la mujer que Rick amó años antes en París. Bajo la sombra de la ocupación alemana, él arregló su escape y cree que ella lo abandonó, lo dejó esperando bajo la lluvia en una estación de tren con sus boletos a la libertad. Ahora está con Victor Laszlo (Henreid), un héroe legendario de la Resistencia francesa.

Hay pocas escenas en esta película que a uno le puedan conmover como la del pianista del bar, Sam (Wilson), un amigo suyo en París. La secuencia sobresalta al verla. Ella le pide que toque la canción que ella y Rick hicieron, As *Time Goes By.* Es reacio, pero lo hace, y Rick sale enojado de la trastienda ("¡Pensé que te había dicho que nunca tocaras esa canción!"). Luego ve a Ilsa. Un acorde musical dramático marca sus primeros planos y la escena se desarrolla en el resentimiento, el arrepentimiento y el recuerdo de un amor que fue real[1].

La trama involucra unos salvoconductos que permitirán a dos personas salir de Casablanca hacia Portugal y la libertad. Rick lo obtuvo del pequeño y engatusador vendedor del mercado negro, Ugarte (Peter Lorre). La repentina reaparición de Ilsa reabre todas sus viejas heridas y rompe su barniz de neutralidad e indiferencia cuidadosamente cultivado. Cuando escucha su historia, se da cuenta

---

1   Esta escena no es tan fuerte en un primer visionado como en los posteriores, porque la primera vez todavía no conoces la historia de Rick e Ilsa en París; de hecho, cuanto más la ves, más gana en resonancia.

de que ella siempre lo ha amado. Pero ahora ella está con Laszlo. Rick quiere usar las cartas para escapar con Ilsa, pero luego, en una secuencia sostenida que combina suspenso, romance y comedia como pocas veces se han visto en la pantalla, inventa una situación en la que Ilsa y Laszlo escapan juntos, mientras él y su amigo, el jefe de policía (Claude Rains), se salen con la suya ("Reúne a los sospechosos habituales"). Lo intrigante es que ninguno de los personajes principales es malo; algunos son cínicos, algunos mienten, algunos matan, pero todos son redimidos. No creas que fue fácil para Rick renunciar a su amor por Ilsa, para darle un mayor valor a la lucha de Laszlo contra el nazismo.

Desde una perspectiva moderna, la película revela suposiciones interesantes. El papel de Ilsa Lund es básicamente el de amante y ayudante de un gran hombre. La verdadera pregunta de la película es: ¿con qué gran hombre debería acostarse? En realidad, no hay ninguna razón por la que Laszlo no pueda subir solo al avión, dejando a Ilsa en Casablanca con Rick, y de hecho ese es uno de los finales que se consideró brevemente. Pero todo eso estaría mal; el final feliz estaría empañado por el interés propio, mientras que el final que tenemos le permite a Rick ser más grande, acercarse a la nobleza. Y nos permite, experimentando indirectamente todas estas cosas en el teatro, calentarnos en el resplandor de su heroísmo.

Estilísticamente, la película no es tan brillante como sólida, en su uso de la artesanía de los estudios de Hollywood. El director, Michael Curtiz, y los escritores (Julius J.

Epstein, Philip G. Epstein y Howard Koch) ganaron premios Óscar. Una de sus contribuciones clave fue mostrarnos que Rick, Ilsa y los demás vivieron en un tiempo y un lugar complejos. La riqueza de los personajes secundarios (Greenstreet como el dueño corrupto del club, Lorre como el tramposo llorón, Rains como el jefe de policía sutilmente homosexual y personajes secundarios como la joven que hará cualquier cosa para ayudar a su esposo) preparan el escenario moral para las decisiones de los personajes principales. Cuando esta trama se rehízo en 1990 como *La Habana,* las prácticas de Hollywood requerían que todas las grandes escenas presentaran a las grandes estrellas (Robert Redford y Lena Olin). La película sufrió como resultado; fuera de contexto, eran más amantes que héroes.

Humphrey Bogart • Actor

Nació en 1899 en el seno de una acomodada familia de Nueva York. Gozó de una privilegiada niñez, aunque solitaria. Tras servir en la Marina de Estados Unidos durante la Primera Guerra Mundial, tuvo que luchar más de una década interpretando a gánsteres y villanos en películas de serie B, hasta hacerse un nombre como actor. Su gran oportunidad llegó con el rudo detective de *El halcón maltés*. Obtuvo su único óscar como mejor actor por *La reina de África*. Murió a los 57 años a causa de un cáncer de esófago, en 1957.

Películas principales

El halcón maltés (1941)
Casablanca (1942)
Tener o no tener (1944)
El sueño eterno (1946)
La reina de África (1951)

Filmografía adicional

Solo los ángeles tienen alas (1938)
Encadenados (1946)
Charada (1963)
Sueños de un seductor (1972)

El crepúsculo de los dioses

Sunset Boulevard

(1950)

"Por la noche siempre se recuerdan los deseos frustrados"

· · · ·

Ficha técnica

Duración	110 minutos
País	Estados Unidos
Dirección	Billy Wilder
Guion	Charles Brackett, Billy Wilder, D. M. Marshman Jr.
Música	Franz Waxman
Fotografía	John F. Seitz (B&W)
Reparto	William Holden, Gloria Swanson, Erich von Stroheim, Nancy Olson, Lloyd Gough, Jack Webb, Fred Clark, Cecil B. DeMille, Buster Keaton, Anna Q. Nilsson, Hedda Hopper, H.B. Warner, Franklyn Farnum, Julia Faye, Ruth Clifford
Productora	Paramount Pictures
Género	Cine negro, drama

Sunset Boulevard nos narra cómo es la industria de Hollywood, un monstruo insaciable que crea estrellas y las destruye, un lugar donde la originalidad, la creatividad y la pasión por el cine no son bienvenidas. Billy Wilder expuso y criticó el cine desde el propio cine.

La historia comienza con un cadáver flotando en una gran piscina de una lujosa mansión. El muerto nos habla directamente a nosotros y nos invita a descubrir qué ha pasado. Ese hombre es nuestro protagonista, Joe Gillis (William Holden), un guionista venido a menos que por problemas económicos tiene que huir de sus deudas y que acaba en la mansión de Norma Desmond (Gloria Swanson), una estrella del cine mudo que ha sido olvidada y que vive junto a su mayordomo, Max (Erich von Stroheim), siempre fiel y dedicado a Norma. Tras una breve conversación, ella le pide a Joe que le corrija un guion con el que lleva años trabajando y con el que pretende volver a la gran pantalla. Este es el momento en el que la vida de Joe cambia. Sin sospecharlo, se acerca a su propia muerte.

La vida del guionista

Joe se nos presenta como un guionista fracasado. Tiene problemas de dinero, por lo que escribe lo que sea para poder seguir hacia delante, en una industria donde el guionista es despreciado e incomprendido. Esto provoca que se convierta en una persona sin pasión, cínico y pesimista. Aun así, cuando Norma le pide que corrija su guion, Joe se vuelve muy respetuoso con ella y su trabajo, entendiendo así que cada obra es única y que él no es nadie para criticarla o corregirla (algo muy común en el mundo de los escritores). Joe conoce entonces a una joven aspirante a guionista en los estudios de la Paramount llamada Betty Schaefer (Nancy Olson). Ella, aunque al principio quería ser actriz, decidió cambiarse al departamento de guion, debido a sus pésimas dotes actorales. Ello no le molestó ni le arrebató la pasión por el oficio del cine. Betty es lo contrario a Joe: ella tiene pasión, es optimista, segura de sí misma y tiene la esperanza de que la industria puede cambiar para dar paso a la creación de historias interesantes y originales sin ser un continuo copia y pega entre historias taquilleras vacías. Debido a esto, Joe y Betty se juntan para escribir un largometraje que les llene artísticamente, y con ello ser respetados en la industria.

Gracias a Betty, Joe cambia completamente. Vuelve a tener pasión por el oficio, tiene esperanzas de nuevo con su futuro profesional y se da cuenta de cuán humillado está bajo la sombra de Norma. Sí, la gran estrella del cine mudo le da a Joe un techo, comida, ropa cara y todo el dinero que quiera, pero a cambio tiene que soportar sus delirios y que le utilice como un juguete. Ha caído bajo, pero lo quiere cambiar. Quiere dejar a Norma y su proyecto para irse con Betty y seguir su propia felicidad. Por desgracia, esta decisión lleva a Joe a su propia muerte. Norma no puede soportar que la vuelvan a dejar como la industria hizo con ella. Desesperada, lo mata, enajenada en su propia pompa de locura.

La gran estrella

Norma se nos presenta como una vieja gloria. Empezó su carrera en el cine mudo, donde se convirtió en una gran estrella. Pero, cuando el cine sonoro comenzó, la industria le dejó de lado, olvidándola en un cajón, mientras ella espera volver a la gran pantalla. Esto provoca en ella una locura notable durante toda la película. Vemos cómo está obsesionada con mantenerse joven, a pesar de tener cincuenta años. Todos los días se encuentra en tratamientos absurdos para mantener su *juventud*. Pero ¿quién sigue con un cuerpo joven a los cincuenta? Eso es algo que Norma se niega a admitir. Billy Wilder con esto hace una gran crítica a la industria. Las actrices para ser relevantes tienen que seguir aparentando ser jóvenes y delgadas, independientemente de su edad y de su talento. Algo que hoy sigue pasando en la industria, con pequeñas excepciones.

La fama de Norma le convierte en una persona vanidosa. Lo podemos comprobar observando su casa, que pareciera un altar de sí misma y su fama: solo hay pinturas y fotografías de su época en el cine mudo, además de que sigue obsesionada con ver sus propias películas. Todo convierte a Norma en una simple imagen que la industria ha querido vender al público, pero ella lo interioriza tanto que no se da cuenta de que ya no es nada, solo una imagen de lo que fue. Ello provoca en ella una locura constante de autosabotaje y de esperanzas, en volver a la gran pantalla por todos los fans que, según ella, le observan desde la oscuridad.

Por otro lado, podemos ver su sufrimiento debido al cambio del cine mudo al cine sonoro. La industria se olvida de ella y de su talento, algo que no ella no quiere admitir. Pero la realidad es que a muchos actores y actrices les pasó lo mismo que a ella en la película. Ella dice: "Hubo un tiempo en el que tenían los ojos del mundo entero, pero eso no era suficiente para ellos. Oh, no, debían tener también los oídos de todo el mundo, así que abrieron sus bocazas y empezaron a ¡hablar, hablar, hablar!".

Al final, su desesperación por volver a la gran pantalla es truncada por la locura que la propia industria creó en ella. Antes de terminar el filme, vuelve a estar delante de las cámaras, creyéndose que está rodando la película que ha escrito, ignorando completamente que acaba de asesinar a Joe por abandonarla y que es la policía y el noticiero quienes están detrás de las cámaras presenciando su final.

Creé una estrella

El mayordomo de Norma, Max, se nos presenta al principio como eso, como un simple mayordomo. La conoce mejor que a ella misma y sabe que es autodestructiva, egocéntrica y que su alma es muy sensible. A lo largo de la película descubrimos que Max era director de cine y que fue él quien descubrió el talento de Norma y quien la convirtió en una estrella. Se casó con ella, pero se divorciaron; aun así, él se quedó a su lado al presenciar cómo la industria la desechó sin miramientos, pues se sentía responsable y no quería abandonarla por el miedo de que ella terminara suicidándose (algo que se muestra en el filme desde que Joe se instala en la mansión). Max es devoto de Norma, por ello hace todo lo posible para que no se dé cuenta de que la industria le ha olvidado, la mantiene en una burbuja. Esto lo podemos comprobar hasta el final de la película. Cuando Norma acaba de matar a Joe, llega la policía y los reporteros para grabar su detención. Max decide ponerse detrás de las cámaras y fingir que está dirigiendo su *actuación* ante las cámaras de lo que Norma cree que es su película. Max se siente culpable, pero la quiere tanto que, aunque esté ella en su propio final, no quiere abandonarla ni romperle de nuevo el corazón.

Billy Walder comenzó su carrera en el cine mudo, al igual que Gloria Swanson y Erich von Stroheim. Ellos presenciaron el cambio que el cine sonoro supuso en la industria y cómo esta misma desechó a sus estrellas de cine mudo. Billy a lo largo de la película lo critica, junto a la poca originalidad que hay en la industria. Al final para él todo es decadencia, plástico y pose vestida de glamur. Personas talentosas que la industria ha inflado para después quitarles todo lo que tienen y olvidarlas en un cajón. Una industria que es una fábrica de ideas que en general no arriesgan, pero venden. Cada temporada tienes nuevos rostros jóvenes delante de la cámara, que se explotan y están en miles de proyectos a la vez, asegurando que tendrán un futuro maravilloso para que después nos preguntemos: "Eh, ¿qué pasó con ese actor que me gustaba tanto?". La respuesta rápida sería que a la industria ya no le interesa. Pero no te preocupes, vendrán nuevas caras y siempre puedes comprarte una camiseta de la última película que ha salido o ir a un parque temático, donde te convencerán de que las películas son tan divertidas como esa montaña rusa que tiene el nombre de esa película que tanto te gusta.

Billy Wilder • Director

Nacido en Sucha (antiguo Imperio austrohúngaro) en 1909, Wilder huyó de los nazis para debutar como director en París. En la década de los 30 llegó a Hollywood, donde escribió películas con Charles Brackett. Fueron sobre todo comedias, sin perder el tono cínico de sus primeras tragedias. Murió en 2002.

Películas principales

Perdición (1944)
Días sin huella (1945)
El crepúsculo de los dioses (1950)
La tentación vive arriba (1955)
Con faldas y a lo loco (1959)
El apartamento (1960)

Filmografía adicional

Ha nacido una estrella (1937)
Eva al desnudo (1950)
¿Qué fue de Baby Jane? (1962)

Bienvenido, Mister Marshall

(1953)

"Os debo una explicación"

· · · ·

Ficha técnica

Duración	75 minutos
País	España
Dirección	Luis García Berlanga
Guion	Juan Antonio Bardem, Miguel Mihura, Luis García Berlanga
Música	Jesús García Leoz
Fotografía	Manuel Berenguer (B&W)
Reparto	José Isbert, Lolita Sevilla, Manolo Morán, Alberto Romea, Elvira Quintilla, Luis Pérez de León, Félix Fernández, Fernando Aguirre, Joaquín Roa, Nicolás Perchicot, José Franco, Rafael Alonso, José María Rodríguez
Productora	Uninci
Género	Comedia, sátira

Bienvenido, Mister Marshall ha sido señalada durante mucho tiempo como una película histórica en el cine español, "el clásico más irónico del cine español", el que "abrió nuevas posibilidades de compromiso con comentarios sociopolíticos significativos dentro de los modos cómicos convencionales". La película de Berlanga se puede catalogar como parte de una serie de acontecimientos culturales, políticos y económicos que hacen de los primeros años de la década de 1950 un momento clave en la evolución del franquismo y de España en general. Como tal película clásica, al llegar a un momento tan clave, ha sido estudiada desde una variedad de puntos de vista, pero es típicamente considerada como un filme de crítica social o de exploración estética. Ramón Gubern, por ejemplo, describe su proyecto ideológico en términos de "regeneracionismo" posterior a 1898. En las siguientes páginas sostengo que las dos lecturas, si bien no se descartan entre ellas, no han sido suficientemente relacionadas. Al vincular los dos, encuentro en la película de Berlanga una crítica social que se extiende más allá de los límites históricos inmediatos de la España de 1953, definida por un espíritu regionalista flaqueante, su presente servilismo cultural a Hollywood o su próximo encuentro con la política exterior estadounidense. Mientras se leen juntas la exploración estética y la crítica social, *Bienvenido, Mr. Marshall* puede verse como una película más sobre procesos que sobre productos. El largometraje invita a sus espectadores a explorar los procesos por los cuales su nación ha sido imaginada, es imaginada en la actualidad y, especialmente, cómo puede ser imaginada en el futuro. Al hacerlo, la película insinúa nuevos órdenes sociales, políticos y espaciales que vendrán en el próximo medio siglo, que comienzan con la simple reconstrucción de una nación (España), de sus componentes internos (Castilla / Andalucía), pero que se extienden mucho más allá, o de sus relaciones internacionales básicas (España / Estados Unidos). Puede ser una exageración argumentar que es una historia sobre la globalización. Aun así, sostengo que, al juntar lecturas centradas en lo social y lo estético, emerge una vista que revela el registro de la película de procesos emergentes a través de los cuales los espectadores como ciudadanos (o ciudadanos como espectadores, como mostraré) participarían para repensar y remodelar a fondo su mundo en las próximas décadas.

Berlanga nos narra la historia de un pueblecito, Villar del Río, que espera la actuación de Carmen Vargas, La Gran Estrella Andaluza. Este tranquilo pueblo está gobernado por un alcalde sordo, travieso y bonachón, que solo quiere animar el lugar. Más buenas noticias para el pueblo: la llegada de altos funcionarios norteamericanos que darán ayuda económica a la nación pueblo por pueblo, ciudad por ciudad. El alcalde no sabe cómo recibirlos. El agente de Carmen Vargas lanza iniciativas sorprendentes como mover a todos los vecinos del pueblo solo para preparar un mejor recibimiento a los extranjeros, disfrazar a todos los campesinos de andaluces y poner color en cada calle con adornos típicos. Todos se ponen a trabajar, y también a soñar y pensar en lo que van a pedir a los americanos, que vendrán con mucho dinero. El día de la llegada todo el mundo en Villar del Río está en la calle, desde el alcalde hasta el recién nacido.

Érase una vez un pueblo

La narración en *off* que inicia la película de Berlanga sitúa la historia y la comunidad que describe en la seguridad de un "érase una vez" imaginado, invitando a los espectadores desde el comienzo de la película a repensar la realidad del pueblo. El concepto de comunidad imaginada de Benedict Anderson llama la atención sobre un trabajo mental similar en la producción de la idea de nación, una teoría esencial para comprender los procesos del cine del director. Anderson describe cada nación como imaginada; ninguna nación es más real que otra, sino que solo se diferencia de otra en la forma en que sus ciudadanos la perciben. Los aspirantes a ciudadanos deben imaginar que "había una vez" una tierra, un pueblo, una nación, un lugar y una comunidad que siempre ha existido y siempre existirá.

Villar de España / Villar de Cine

Ilustrar la comunidad, desde lo local hasta lo internacional, tal como la imaginamos está en el corazón de la película. El caso más evidente es la reimaginación del escenario de la película, la localidad castellana de Villar del Río. Desde el momento del anuncio del próximo encuentro con los representantes del plan Marshall, los aldeanos se apresuran a rehacer el pueblo, convirtiéndolo en una imagen agradable para sus visitantes estadounidenses. El delegado general ruega al alcalde local que arregle la localidad. El cabildo debate la actuación adecuada a su pueblo, una negociación implícita en el proceso de cómo uno está dispuesto a imaginar exactamente su comunidad: se pueden considerar fuentes decorativas, con su chorizo colorado, arcos triunfales, carreras de sacos y limonada gratis. El ejemplo sobresaliente de la imaginación continua de la nación viene de la decisión de convertir el pueblo de lo que es, un típico pueblo castellano, en algo totalmente extraño, un estereotípico caserío andaluz encalado.

La exploración crítica, aunque cómica, que rodea la nueva versión de Villar es bastante evidente, incluso para el espectador casual. Más crítica para nuestra lectura es la forma en que Berlanga posiciona a su espectador para establecer conexiones entre la imaginación de Villar del Río, la nación española y el orden internacional y, a través de dispositivos metacinematográficos, entre la representación en pantalla. Esta exploración de mayor alcance de la reinvención de la nación comienza con el primer plano de la película. Un enfoque fijo en un camino de tierra que se desvanece en la meseta rural sitúa la historia en pantalla en el corazón de la campiña castellana oficialmente celebrada por Franco. Cuando terminan los créditos iniciales, un automóvil se acerca por el camino. Al pasar, la cámara gira 180 grados hacia la izquierda para revelar el pueblo de Villar del Río en la distancia, mientras un rebaño de ovejas pasta en primer plano. Mientras que el cine clásico de Hollywood, el tipo parodiado por Bienvenido, pero más familiar para sus audiencias, dictaría un plano inverso en este punto para seguir el plano inicial y así suturar al espectador en una identificación inicial, aquí el montaje de Berlanga deja el espectador en el limbo. Explícitamente, la cámara parecería ser un lugareño de las afueras del pueblo.

Implícitamente, al romper la invisibilidad mágica del cine clásico, no se invita al aspirante a espectador a identificarse con esta mirada, sino que se lo deja en la incómoda posición de un espectador anticipado que aún espera el momento de la sutura. A la luz de esta separación, resulta significativo que el espectador se sitúe justo más allá del cartel del pueblo, explícitamente miembro de la comunidad de Villar del Río, pero implícitamente empoderado con una conciencia ajena a esa comunidad todavía objeto de la mirada cinematográfica. Así, antes de que el espectador se encuentre con las personas y los lugares de Villar —su significado—, ve (literalmente) el rótulo de Villar —o significante— y así reconoce a Villar como tal.

La crítica en Mr. Marshall

La primera crítica social expone la visión franquista del idilio rural como hueca e hipócrita. En la superficie, los ciudadanos viven en una dicha paradisíaca. Los comentarios del narrador y de los personajes revelan que su felicidad, sin embargo, enmascara una realidad de pobreza y abandono. La confusión entre Villar del Río y del Campo, una vez más, ilustra el punto. Villar del Río es pariente pobre de la Villar del Campo, manifestado principalmente en la posesión por parte de este de una codiciada parada de ferrocarril. Del Campo disfruta de conexiones geográficas cercanas a la ciudad y la civilización. El flujo de mercancías —y, por lo tanto, del progreso temporal, los procesos de modernización en sí— ha pasado por alto a un Del Río aún premoderno, dejándolo solo con su *importante* arquitectura barroca para alardear.

Al señalar las tensiones entre pueblos con un desarrollo desigual, la película prepara a su espectador para la próxima consideración de diferencias estructuradas de manera similar entre el campo y el pueblo, entre el pueblo y la ciudad (Villar y su capital provincial), entre regiones con un desarrollo y una representación desiguales (Castilla y Andalucía, y quizás implícitamente Cataluña, Galicia, Euskadi, etc.), y finalmente entre estados de desarrollo desigual (España y Estados Unidos). La España de Franco no es solo un lugar ficticio y sin sabor, sino una comunidad cuya imaginación se basa en un desarrollo disímil que deja el corazón del pueblo, el campesino castellano, en la pobreza de un campo abandonado, precisamente donde el Gobierno quería.

Berlanga pone en primer plano la próxima reestructuración espacial en el movimiento literal de porterías, muros y calles enteras, mientras los ciudadanos de Villar del Río se preparan para la llegada del estadounidense. Estos movimientos literales son el resultado de cambios en la imaginación de uno mismo y de la sociedad reflejados en la transformación de los ciudadanos de Villar del Río en andaluces y, en un segundo nivel, en ciudadanos de una sociedad internacional. La interacción entre el cambio literal y el cambio imaginado, nuevamente, registra una realidad española emergente. Cualquier viajero crítico puede dar fe, de hecho, de una reforma literal del lugar y el espacio español en España desde la llegada de *Mr. Marshall,* ya que se han reconstruido castillos, se ha redirigido el tráfico, se han transportado molinos de viento e iglesias, y se han disecado las murallas de la ciudad por escaleras mecánicas, en un intento de suavizar el flujo de capital, alentar la producción de ciudadanos globales y rehacer España en una forma global nueva y *diferente*.

Luis García Berlanga • Director y guionista

Nació en 1921 en Valencia en una familia de terratenientes. Durante su juventud se unió a la División Azul para evitar represiones políticas. Aunque empezó estudiando Derecho, en 1947 terminó estudiando Cine. Años después, en 1951, debutó como director con la película *Esa pareja feliz*. Es considerado uno de los renovadores del cine español de posguerra. Durante la dictadura franquista pudo burlar la censura en sus películas. Murió en 2010 en Madrid.

Películas destacadas

Bienvenido, Mister Marshall (1953)

Plácido (1961)

El verdugo (1963)

Moros y cristianos (1988)

Todos a la cárcel (1994)

Filmografía adicional

Domingo de carnaval (1945)

Surcos (1951)

El discreto encanto de la burguesía (1972)

Los 400 golpes

(1959)

"Miento de vez en cuando, supongo. A veces digo la verdad
y no me creen, así que prefiero mentir"

• • • •

Ficha técnica

Duración	94 minutos
País	Francia
Dirección	François Truffaut
Guion	Marcel Moussy, François Truffaut
Música	Jean Constantin
Fotografía	Henri Decaë (B&W)
Reparto	Jean-Pierre Léaud, Claire Maurier, Albert Rémy, Guy Decomble, Georges Flamant, Patrick Auffay, Jeanne Moreau
Productora	Les Films du Carrosse
Género	Drama

Los 400 golpes sugiere que cada niño está a solo unos pasos de la delincuencia, todo lo que se necesita es un padre desdeñoso, un maestro abusivo o un amigo que nos provoque para que nuestros peores impulsos pueden dominar durante esos años formativos.

Antoine Doinel (Jean-Pierre Léaud) lamentablemente experimenta estas tres influencias poco saludables. El afable joven héroe del debut de François Truffaut en 1959 es apenas tolerado por sus padres en su pequeño departamento parisino. En su mayoría lo tratan como a un sirviente. En la escuela, su maestro reparte más castigos que reconocimientos. Mientras tanto, su compañero de escritorio ya ha aprendido a jugar con el sistema, ideando formas de escabullirse de la escuela y empeñar la propiedad de sus propios y desatentos padres.

No es que *Los 400 golpes* sea una especie de cuento dickensiano sombrío; más bien Truffaut imbuye la película con la energía incontenible y el optimismo de la juventud. Su cámara corretea mientras trata de mantenerse al día con Antoine y sus amigos. En un momento, esto requiere un delicioso plano que se desvía de una calle concurrida en la que Antoine está corriendo para recogerlo instantáneamente mientras corre por otra. Más tarde, tenemos una vista panorámica de los compañeros de clase de Antoine trotando al unísono detrás de su maestro. Cada vez que pasan por un callejón, dos o tres de ellos se alejan sigilosamente del grupo, hasta que su maestro inconsciente se queda casi solo.

Este espíritu revoltoso surge especialmente en el punto medio de la película, cuando Antoine y su amigo (Patrick Auffay) se embarcan en una juerga de absentismo escolar y delitos menores. Bebiendo, fumando, estafando, marcan todas las casillas, trabajando el doble para mantener su estilo de vida sin preocupaciones de lo que tendrían que trabajar en la escuela.

Como Antoine, Léaud ofrece una de las grandes actuaciones infantiles. Hay una hosquedad poética en él que captura la *inocencia* juvenil de Antoine justo cuando comienza a cuajarse. Es principalmente una actuación de auténticos impulsos y expresiones, pero también hay una secuencia notable, capturada por Truffaut en un puñado de ingeniosos cortes, en la que Antoine responde a las preguntas de un psicólogo ordenado por la corte. Finalmente, frente a un adulto que lo escuchará genuinamente, ofrece un monólogo que es un sesenta por ciento de bravuconería y un cuarenta por ciento de anhelo de aceptación.

Por nostálgica que sea la película, también está hecha por un adulto, alguien que sabe que la libertad de Antoine, tal como es, será de corta duración. Y así, Antoine aterriza en la cárcel (hay una toma triste de él durmiendo en el piso de una celda) y finalmente es enviado a un hogar juvenil junto al mar, de donde intenta escapar. Truffaut sigue su huida con un *travelling* extendido a lo largo de un camino rural. Esperas, por el bien de Antoine, que la toma nunca termine, pero lo hace cuando Antoine llega al océano. Se vuelve hacia la cámara y Truffaut termina la película con una de las tomas congeladas más famosas de toda la historia del cine. Es un acto de misericordia, en realidad, permitirle a Antoine un momento eterno de juventud antes de que lleguen las olas de la edad adulta.

Nouvelle vague (La Nueva Ola)

La Nueva Ola nunca fue una escuela ni un club, fue un movimiento espontáneo e importante que cruzó rápidamente las fronteras francesas. No tenía un programa estético, era simplemente un intento de recuperar cierta independencia perdida hacia 1924, cuando las películas se encarecieron demasiado, un poco antes que el cine sonoro. En 1960, hacer cine significaba imitar a D. W. Griffith haciendo sus películas bajo el sol de California, incluso antes del nacimiento de Hollywood. En ese momento, los directores eran todos muy jóvenes. Es sorprendente ver que Hitchcock, Chaplin, Vidor, Walsh, Ford, Capra hicieron su primera película antes de los veinticinco años. El cineasta era un trabajo de niños y debería serlo. Entonces tienen que llegar jóvenes, como Guy Gilles o Lelouch, o incluso más jóvenes, cámara en mano, posados en los costados de los helicópteros, listos para ser devorados por los mosquitos en el Amazonas.

Yo creo que, si nos precipitamos en las camillas, y si eso dio origen básicamente a la Nueva Ola, es porque se exigía para el cine la misma libertad que para las demás artes, es decir, que pudieran entrar más jóvenes y que se convierta en un arte tan vivo como los demás.

En mi opinión, la Nueva Ola tenía una realidad anticipada. Inicialmente fue un invento de los periodistas, que se convirtió en algo efectivo. En cualquier caso, si no se hubiese este eslogan periodístico en la época del Festival de Cannes, creo que este nombre u otro se habría creado por la fuerza de las circunstancias cuando nos hubiéramos dado cuenta de las películas número 1.

Los periodistas de cine han utilizado esta expresión para designar a cierto grupo de nuevos cineastas que no necesariamente provenían de la crítica, ya que se incluía tanto a Alain Resnais como a Marcel Camus. Así se acuñó este eslogan que, a mi juicio, no se correspondía con la realidad, en la medida en que, en el exterior, se podría creer por ejemplo que existía una asociación de jóvenes cineastas franceses que se reunían en fechas regulares y que tenían un plan, una estética común, cuando no era así se trataba solo de una reunión ficticia, completamente externa. Solo veo un punto en común entre los jóvenes cineastas: todos practican la máquina tragamonedas de manera bastante sistemática; a diferencia de los viejos directores, que prefieren las cartas y el *whisky*.

François Truffaut • Director

Nacido en Neuilly-sur-Seine en 1932, Truffaut empezó su carrera como crítico de cine, empezó a escribir y dirigir sus propias películas. Aunque su primer corto, *Une visite,* fue un intento fallido, no le desanimó. Dirigió veinte películas hasta su muerte, en 1984.

Películas destacadas

- *Los 400 golpes* (1959)
- *Jules y Jim* (1962)
- *Fahrenheit 451* (1966)
- *La noche americana* (1973)

Filmografía adicional

- *Al final de la escapada* (1960)
- *Tirad sobre el pianista* (1960)
- *El pequeño salvaje* (1970)
- *Diario íntimo de Adela H.* (1975)
- *La piel dura* (1976)

Ben-Hur

(1959)

"La perfecta libertad no existe. El hombre debe saber bien en qué mundo vive. Y en este momento, el mundo es Roma"

• • • •

Ficha técnica

Duración	211 minutos
País	Estados Unidos
Dirección	William Wyler
Guion	Karl Tunberg. Novela: Lewis Wallace
Música	Miklós Rózsa
Fotografía	Robert Surtees
Reparto	Charlton Heston, Jack Hawkins, Stephen Boyd, Haya Harareet, Hugh Griffith, Martha Scott, Cathy O'Donnell, Sam Jaffe, Frank Thring, Terence Longdon, George Relph, André Morell, Finlay Currie, John le Mesurier
Productora	Metro-Goldwyn-Mayer (MGM)
Género	Aventuras, drama, cine épico

La película del director William Wyler fue un recuento de la espectacular película muda del mismo nombre *Ben-Hur: A Tale of the Christ* (1925), del director Fred Niblo y MGM. Ambas películas fueron adaptadas de la novela (publicada por primera vez en 1880) del exgeneral de la Guerra Civil Lewis Wallace. Wyler había sido director de extras en el plató de la película original de DeMille en la época del cine mudo. *Ben-Hur: A Tale of the Christ* (1925) de MGM, con un elenco de 125 000 personas, costó alrededor de 4 millones de dólares después de que comenzara el rodaje en Italia, en 1923. Fue protagonizada por los ídolos del cine mudo Ramon Novarro y Francis X. Bushman. Esta cifra equivale hoy a 33 millones de dólares. Fue pues la película muda más cara jamás realizada.

Esta nueva versión de la novela se inspiró en el hecho de que, tres años antes, Cecil B. DeMille y Paramount habían rehecho la versión de 1925 de su película como un exitoso cuento bíblico de la época de los 50 titulado *Los diez mandamientos* (1956). La figura heroica de Charlton Heston (una figura icónica y justiciera de Moisés) volvería a recibir el papel principal en esta película de un noble judío (el príncipe de Judea), después de que Burt Lancaster, Rock Hudson y Paul Newman rechazaran el papel. En la trama, el príncipe Judah Ben-Hur fue esclavizado por un amigo del tribunal romano (con un subtexto homosexual proporcionado por el coguionista Gore Vidal), pero regresó años después para buscar venganza en la pieza central de la película, una carrera de carros. En última instancia, encontraría la redención y el perdón en el final inspirador y esclarecedor.

La colorida versión de 1959 fue la película más cara jamás realizada hasta su época y la más cara de la década de los 50, costó 15 millones de dólares. Filmada a gran escala, fue un tremendo riesgo decisivo para MGM Studios y, en última instancia, salvó al estudio de la bancarrota. (Fue una gran victoria doble para MGM, ya que habían ganado la carrera a la mejor película el año anterior con *Gigi* (1958).) Se necesitaron seis años para preparar el rodaje y más de medio año de trabajo en el lugar en Italia, con miles de extras. Contó con más equipo y extras que cualquier otra película anterior: 15 000 extras solo para la secuencia de la carrera de carros.

Ben-Hur demostró ser una pieza cinematográfica inteligente, emocionante y dramática, a diferencia de tantos otros concursos bíblicos vulgares con actores y actrices de Hollywood. Su representación de la figura de Jesucristo también fue extremadamente sutil, y únicamente como un cameo; nunca mostró el rostro de Cristo, sino solo las reacciones de otros personajes hacia él.

Ha sido uno de los largometrajes más honrados y premiados de todos los tiempos. Fue nominada a doce Premios de la Academia: mejor película, mejor actor (Charlton Heston, el único óscar de su carrera), mejor actor de reparto (Hugh Griffith), mejor director (William Wyler), mejor fotografía en color, mejor dirección de arte en color/decoración de escenario, mejor sonido, mejor banda sonora, mejor montaje de película, mejor diseño de vestuario de color, mejores efectos especiales y mejor guion (acreditado en exclusiva por Karl Tunberg). Fue la primera película en ganar once premios; solo perdió en la categoría de guion, debido a una disputa sobre los créditos de guion (Maxwell Anderson, Christopher Fry y Gore Vidal no estaban acreditados). *Titanic* (1997) y *El señor de los anillos: El retorno del rey* (2003) son las únicas películas que empatan este récord fenomenal, aunque, a diferencia de esta película, se quedaron sin ningún óscar de actuación. Muchos sintieron que la actuación de Heston fue inferior a la de otros nominados en la categoría de mejor actor: Jack Lemmon en *Con faldas y a lo loco* o Laurence Harvey en *Joe Lampton*, y James Stewart en *Anatomía de un asesinato*.

La secuencia de la carrera de carros en el Circo Máximo (una asombrosa réplica de la de Roma) es una de las más emocionantes y famosas de la historia del cine. (Se le rindió homenaje con la carrera de vainas de George Lucas en *Star Wars: Episodio I - La amenaza fantasma* (1999).) El sitio de la carrera, el Circo Máximo en Jerusalén (Judea), se construyó en más de 18 acres de *backlot* en Cinecittà Studios, en las afueras de Roma, y el rodaje de la secuencia duró unas cinco semanas. Excepto por dos de las acrobacias más espectaculares, tanto Charlton Heston como Stephen Boyd manejaron sus propios carros, en una secuencia cuidadosamente coreografiada. Hay informes contradictorios sobre la muerte de un doble durante la escena peligrosa de la película, pero ninguna discusión publicada menciona el accidente. La autobiografía de Charlton Heston de 1995, *In the Arena,* declaró específicamente que nadie resultó gravemente herido (más allá de un corte en la barbilla) durante el rodaje.

La película nos narra la historia de cuando el príncipe Judah Ben-Hur se entera de que su amigo de la infancia, Messala, ha sido nombrado para comandar la guarnición romana de Jerusalén. Se emociona. Pronto descubre, sin embargo, que su amigo ha cambiado y se ha convertido en un conquistador arrogante, lleno de la grandeza de Roma. Después de que Judá se niegue a divulgar los nombres de los judíos que se oponen al dominio romano, Messala decide hacer de él un ejemplo y lo envía como esclavo a galeras. Gracias al destino y la buena fortuna, Judah sobrevive a las galeras y logra regresar a Jerusalén, con la esperanza de encontrar a su madre y hermana, que también fueron encarceladas, y vengarse de su antiguo amigo.

El fin de la edad de oro

La edad de oro de Hollywood llegó a su fin debido a dos factores principales: las acciones antimonopolio y la invención de la televisión. Durante décadas, fue una práctica común que las principales compañías cinematográficas compraran salas de cine, que solo mostraban las películas producidas por su compañía. Este tipo de monopolio obligó al fiscal general adjunto Thurman Arnold a emprender un caso contra las ocho principales corporaciones de Hollywood en ese momento. Afirmó que estaban violando la Ley Antimonopolio Sherman, que regula la competencia entre las grandes corporaciones. Como resultado del caso judicial, todas las corporaciones de Hollywood firmaron un decreto de consentimiento en el que acordaban liberar su control sobre espacios que mostraban solo sus películas en los cines de todo el país, detener la venta anticipada de películas en varios distritos teatrales, prohibir que las compañías cinematográficas programan más de cinco películas en los cines y, finalmente, establecer una junta para hacer cumplir estas reglas. Cuando estas reglas comenzaron a entrar en vigor, Hollywood comenzó a revisar y publicar los contratos de sus empleados, reconfigurando así por completo la infraestructura de la industria. Los rasgos que hacían individual a cada empresa desaparecieron con la revisión de sus equipos creativos. El cambio finalmente condujo a que se estrenaran menos películas, con presupuestos más grandes para cada filme individual.

Además, los televisores, inventados por primera vez en 1927, se habían vuelto cada vez más populares en los hogares de los estadounidenses. La creciente popularidad de los programas presentó a las salas de cine tradicionales una fuerte competencia. Esto, combinado con las nuevas regulaciones antimonopolio, significó que había menos dinero para impulsar la industria, lo que generó una disminución en la realización de películas y las ganancias.

La edad de oro de Hollywood fueron años cruciales en la historia del cine. Establecieron gran parte de la tecnología sobre la que se construyó para crear las películas de hoy. Si bien es posible que no haya durado más de unas pocas décadas, tuvo un impacto indeleble en la industria del entretenimiento en general. Una parte breve pero crucial del desarrollo del cine, la edad de oro de Hollywood, son años venerados en la historia del cine.

Charlton Heston • Actor

Nacido en Illinois en 1923, ya desde pequeño se dedicaba a actuar para sí mismo. A los años se mudó junto a su madre y su nuevo marido a Chicago, donde participó en funciones teatrales. En 1944 fue llamado a filas para ir a la guerra. De vuelta a Estados Unidos, se hizo cargo de un teatro local como gestor y actor. Su éxito lo obtuvo tras participar en la obra *Antonio y Cleopatra* en un teatro de Broadway. Murió en 2008.

Películas destacadas

Cuando ruge la marabunta (1954)
Los diez mandamientos (1956)
Horizontes de grandeza (1958)
Sed de mal (1958)
Ben-Hur (1959)

Filmografía adicional

Quo Vadis (1953)
Espartaco (1961)
Cleopatra (1963)
Lawrence de Arabia (1965)
La última tentación de Cristo (1989)
Gladiator (2000)

www.ingramcontent.com/pod-product-compliance
Lightning Source LLC
LaVergne TN
LVHW091508170726
843492LV00001B/398